THE WEAPONS ENCYCLOPÆDIA

TANK AIRCRAFT AFV SHIP ARTILLERY VEHICLES SECRET WEAPON

CANNONI ANTICARRO TEDESCHI

THE WEAPONS ENCICLOPÆDIA

EDITORIAL STAFF

Luca Cristini, Paolo Crippa.

REDAZIONE ACCADEMICA

Enrico Acerbi, Massimiliano Afiero, Aldo Antonicelli, Ruggero Calò, Luigi Carretta, Flavio Chistè, Anna Cristini, Carlo Cucut, Salvo Fagone, Enrico Finazzer, Arturo Giusti, Björn Huber, Andrea Lombardi, Aymeric Lopez, Marco Lucchetti, Gabriele Malavoglia, Luigi Manes, Giovanni Maressi, Francesco Mattesini, Daniele Notaro, Péter Mujzer, Federico Peirani, Alberto Peruffo, Maurizio Raggi, Andrea Alberto Tallillo, Antonio Tallillo, Roberto Vela, Massimo Zorza.

PUBLISHED BY

Luca Cristini Editore (Soldiershop), via Orio, 35/4 - 24050 Zanica (BG) ITALY.

DISTRIBUTION BY

Soldiershop - www.soldiershop.com, Amazon, Ingram Spark, Berliner Zinnfigurem (D), LaFeltrinelli, Mondadori, Libera Editorial (Spain), Google book (eBook), Kobo, (eBoook), Apple Book (eBook).

CONTRIBUTORS OF THIS VOLUME & ACKNOWLEDGEMENTS

Ringraziamo i principali collaboratori di questo numero: I profili dei carri sono tutti dell'autore. Le colorazioni delle foto sono di Anna Cristini. Ringraziamenti particolari a istituzioni nazionali e/o private quali: Stato Maggiore dell'esercito, Archivio di Stato, Bundesarchiv, Nara, Library of Congress, Wikipedia, USAF, Signal magazine, Cronache di guerra, Fronte di guerra, IWM, Australian War Museum, ecc. A P.Crippa, A.Lopez, Péter Mujzer, L.Manes, C.Cucut, archivi Tallillo. Model Victoria (www.modelvictoria.it) ecc. per avere messo a disposizione immagini o altro dei loro archivi.

For a complete list of Soldiershop titles, or for every information please contact us on our website: www.soldiershop.com or www.cristinieditore.com. E-mail: info@soldiershop.com. Keep up to date on Facebook https://www.facebook.com/soldiershop.publishing

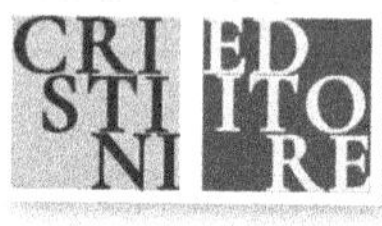

Titolo: **CANNONI ANTICARRO (PAK) TEDESCHI** Code.: **TWE-029 IT**

Collana curata da L. S. Cristini

ISBN code: 979-12-5589-1543. Prima edizione settemebre 2024

THE WEAPONS ENCICLOPAEDIA (SOLDIERSHOP) is a trademark of Luca Cristini Editore

THE WEAPONS ENCYCLOPÆDIA

TANK AIRCRAFT AFV SHIP ARTILLERY VEHICLES SECRET WEAPON

CANNONI ANTICARRO (PAK) TEDESCHI

28/41, 37/36, 42/41, 47/181(f), 47/38, 50/38, 75/38, 75/40, 75/41, 75/50, 76/36, 80/PAW, 88/43, 128/44

LUCA STEFANO CRISTINI

BOOK SERIES FOR MODELERS & COLLECTORS

INDICE

▲ Un pezzo da 3,7 cm Pak 36 esposto al museo di Helsinki- Wiki CC1

INTRODUZIONE

CANNONI ANTICARRO CLASSICI PAK

Le armi anticarro tedesche usate nella WWII erano divise in diverse classi. La classe principale , e di cui andiamo ad occuparci col seguente volume, La classe principale, e di cui andiamo ad occuparci col seguente volume, comprende cannoni costruiti appositamente per missioni anticarro ed è a sua volta suddivisa in tre gruppi: cannoni di progettazione convenzionale tedesca, cannoni costruiti con sistemi ad alesaggio conico e armi anticarro catturate al nemico. I cannoni tedeschi ortodossi del primo gruppo sono progettati per ottenere la perforazione di corazze nemiche a distanze massime utilizzando proiettili relativamente pesanti ad alta velocità. Il primo e più famoso cannone di questo tipo fu il Rheinmetall da 37 mm (il Pak da 3,7 cm). Tuttavia questo glorioso pezzo aveva una potenza troppo limitata già al tempo della battaglia di Francia (1940) e fu presto sostituito dal Pak 38 da 50 mm. Quest'arma da 50 mm, con l'aumentare progressivo delle corazzature dei carri avversari, verrà a sua volta gradualmente sostituita dal Pak 40 da 75 mm , considerato il cannone anticarro tedesco standard per eccellenza. Poiché il Pak 40 era in grado di penetrare 12cm di armatura a 500 metri di distanza, per questo fu considerato un'arma adeguata. I tre cannoni citati hanno tutti caratteristiche di base simili: canne rigate, una sagoma bassa e un grande scudo. Tutti questi pezzi erano progettati per essere i più leggeri possibile allo scopo di aumentare la mobilità tattica. I cannoni da 50 mm e 75 mm e superiori furono anche dotati di freni di bocca per ridurre il rinculo e consentire così affusti più leggeri. Nel 1944 a questo primo gruppo si aggiunse un altro cannone, il Pak 43/41 da 88 mm. Sebbene questo cannone fosse estremamente potente ed efficace (penetra 12 cm di armatura a oltre due chilometri), aveva l'handicap della mobilità a causa del suo imponente peso e al suo carrello a due ruote scomposto in due parti. Un'altra versione di questo cannone, il Pak 43 da 8,8 cm, sempre con la setssa canna, montava invece un affusto simile a quello del famosissimo e leggendario cannone antiaereo da 88 mm dei tipi Flak 18 e 36.

▲ Un pezzo da 50cm Pak 38 si appresta ad affronate una incurisione nemica.

CANNONI ANTICARRO AD ANIMA CONICA

Il gruppo dei cannoni ad anima conica furono invece progettati per avere una maggiore mobilità rispetto ai cannoni convenzionali, ma sempre rimanendo in grado di ottenere la stessa penetrazione dell'armatura. Questi cannoni a canna conica cercavano quindi di ottenere adeguate penetrazioni a brevi distanze dal bersaglio, utilizzando proiettili leggeri ma sparati a velocità molto elevate. Tuttavia il materiale usato per questo tipo di arma, il tungsteno necessario per questo specifico tipo di proiettili, divenne via via sempre più difficile da ottenere per i tedeschi. Ad aggravare il tutto poi furono le prestazioni deludenti di questi cannoni in combattimento. Tutte e tre i pezzi anticarro ad anima conica portano la stessa data di standardizzazione: 1941. Il primo ad essere introdotto fu il leggerissimo cannone da 28/20 mm 2,8 cm s.Pz.B. 41. Così leggero da poter essere facilmente maneggiato anche da un solo artigliere, il 28/20 fu principalemnte utilizzato dalle truppe di montagna, che potevano scomporlo in carichi e arrampicarsi con esso, fu comunque utilizzato anche in versione aviotrasportata dai paracadustisti. Venne ampiamente distribuito ale unità di panzer grenadier e fanteria motorizzata come arma anticarro delle compagnie di fucilieri. Il successivo cannone ad anima conica fu il Pak 41 da 42/28 mm (4,2 cm), imparentato stretto con il famso Pak 37 di cui montava lo stesso affusto; quest'arma venne data in acrico sempre ai para e anche alle truppe di montagna. Il terzo e più grande dei tre cannoni di questo tipo fu il Pak 41 da 75/55 mm. Il 75/55 ebbe una forma davvero insolita. Le ruote erano fissate allo spesso scudo, e così anche la lunga canna. Questa terzo cannone nonfu prodotto in grandi quantità.

▲ Soldati del 89t° Inf. Reg. con un 3.7 cm Pak 36 durante la prima battaglia di Kharkov ottobre1941. A dx un Pak 36 armato con la speciale granata anticarro mod. 41. Sotto un Pak 36 modificato con lo scudo aperto.

▲ Bella immagine del pezzo Pak 41 per truppe aviostrasportate in batteria. Bundesarchiv CC1

▲ Colonna tedesca in movimento nel deserto libico. Ben visibile un cannone 5cm Pak 38. Bundesatchiv Public Domain.

CANNONI ANTICARRO CATTURATI E RIUTILIZZATI

Infine il terzo gruppo di armi anticarro, comprende tutte quelle armi dall'esercito tedesco nel corso delle sue conquiste nei primi anni di guerra. La maggior parte di queste armi furono tutte progettate e costruite prima del 1940. I tedeschi le utilizzarono sopratutto come armi di riserva.

Fra i più noti vi fu il cannone francese Modello 1937 da 47 mm (4.7-Pak 181 (f)), dotato di una portata effettiva di soli 500 metri. Tuttavia, fra le tante, i tedeschi "ereditarono" anche altre armi davvero utili ed efficienti da loro utilizzate in modo considerevole. Uno di questi fu il cannone da campo sovietico Modello 1936 da 76,2 mm , che l'Armata Rossa progettò con l'obiettivo di utilizzarlo per scopi anticarro e persino antiaerei. I tedeschi aprezzarono davvero tanto questo cannone ad alta velocità e lo modificarono aggiungendo un doppio scudo e un freno di bocca. Un altro cannone straniero amato dai tedeschi fu il famoso cannone da campo Schneider da 75 mm, modello 1897. Moltissimi di questi furono catturati.

Anche in questo caso i tedeschi modificarono lo Schneider da 75 mm dotandolo di un grosso freno di bocca e montando il cannone sul proprio affusto anticarro da 50 mm. Chiamarono il risultato Pak 97/38 da 7,5 cm . Tuttavia lo Schneider 75 non godeva di una buona velocità iniziale, e pertanto non poteva essere considerato un soddisfacente moderno cannone anticarro. Terminiamo questa prima parte citando il cannone controcarri cecoslovacco da 4,7 cm *kanón proti útočné vozbě vz. 36[1]* che fu progettato dalla Skoda tra il 1939 e il 1940 ma venne utilizzato soprattutto dall'esercito tedesco con la denominazione 4,7 cm PaK 36(t). Dotato di un affusto obsoleto, aveva tuttavia un ottimo munizionamento, capace di perforare a 640 metri una corazzatura di 51 mm. I tedeschi, dopo l'occupazione del paese, ne rimasero impressionati e decisero di usarlo come arma per i loro reparti, specialmente nella versione A9 per cacciacarri Panzerjäger I, basati su scafi Panzer I. Servendo soprattutto nelle campagne in Francia.

▲ Cannone anticarro Pak 38 da 50 mm in azione col suo equipaggio sul fronte orientale. I soldati appartengono alla 14a divisione granatieri Waffen SS 'Galizien'. Courtesy by National Digital archive PL. Public Domain.

Riepilogando nelle tre tipologie di anticarro i modelli furono:

- **Pak classici:**

3,7 Pak 36, 5 cm Pak 38, 7,5 Pak 40, 7,5 Pak 50, 8cm PAW 600, 88mm Pak 43, 128 mm Pak 44.

- **Cannoni ad anima conica:**

2,8 sPzB 41, 4,2 Pak 41, 7,5 Pak 41.

- **Cannoni stranieri riutilizzati:**

4,7 Pak 181 (f), 4,7 Pak 38 (ceco), 7,5 Pak 38 (f), 7,62 Pak 36 (russo).

▲ Il cannone francese 47mm poi riutilizzato in gran numero dall'esercito tedesco per le sue buone caratteristiche.

▲ Impressionante insieme di pezzi Pak 40 catturati dalle truppe americane in Normandia nel 1944.

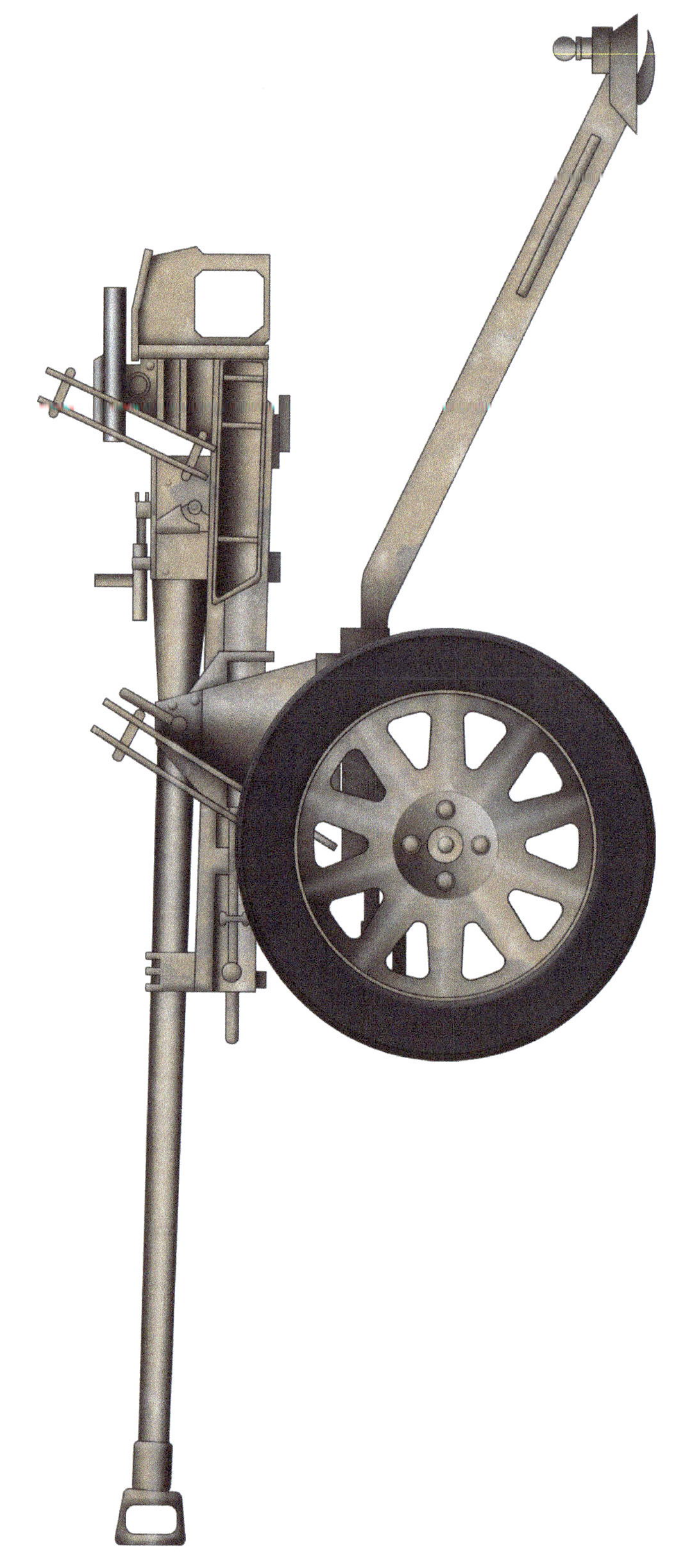

CANNONE AD ANIMA CONICA DA 28MM SPZB (SCHWERE PANZERBÜCHSE) - GERMANIA-1941

CANNONE DA 2,8 CM SPZB 41

Il 2,8 cm *schwere Panzerbüchse* 41, abbreviato in 2,8 cm sPzB 41, era un piccolo cannone tedesco ad anima conica utilizzato durante la seconda guerra mondiale. Il principio della canna conica fu brevettato nel 1903 dall'ingegnere tedesco Karl Puff. Negli anni venti e trenta, un altro ingegnere tedesco, Gerlich, condusse esperimenti con un fucile anticarro ad anima conica di calibro 7 mm, raggiungendo una velocità iniziale di ben 1.800 m/s. Basandosi su queste esperienze, nel 1939-1940, la Mauser-Werke AG sviluppò un'arma anticarro calibro 28/20 mm, inizialmente chiamata Gerät 231 o MK.8202.
Nell'estate del 1940 1940, furono consegnati 94 esemplari (secondo altre fonti, 30) all'esercito tedesco per le prove. Dopo alcune modifiche basate sui test sul campo, nel 1941 iniziò la produzione di massa del 2,8 cm schwere Panzerbüchse 41. Ogni arma costava 4.520 Reichsmark (per confronto, il più famoso cannone da 5 cm PaK 38 costava 10.600 Reichsmark). L'ultimo pezzo fu prodotto nel 1943 a causa della carenza di tungsteno necessaroa per i proiettili di questo tipo di cannoni.
Il sPzB 41 fu dato in dotazione alle divisioni motorizzate, alle divisioni leggere Jäger, Gebirgsjäger e Fallschirmjäger della Luftwaffe. Alcuni esemplari furono forniti alle unità controcarri e del genio militare. L'arma fu utilizzata ovunque: sul fronte orientale fino alla fine della guerra, nonché sul fronte nordafricano e su quello occidentale nel 1944-1945. A breve distanza, il colpo del sPzB 41 poteva penetrare la maggior parte delle corazze della seconda guerra mondiale, con la possibilità di danneggiare anche carri pesanti come il KV-1 e l'IS-2, e questo era certamente il suo pregio maggiore!

DATI TECNICI: (cannone ad anima conica)	
Entrata in servizio	1940
Altezza-Lunghezza-Lunghezza canna	97cm, 269cm, 173cm
Peso in batteria	230 kg
Tipo proiettile	Cartoccio proietto
Velocità iniziale proiettile	1400 m/sec
Settore di tiro orizzontale	70°
Settore di tiro verticale	-15° / +30°
Distanza tiro utile	500 metri
Celerità di tiro	30 colpi al minuto
Numero pezzi a disposizione nel 1940	2797

▲ Cannoncino anticarro 2,8 cm schwere Panzerbüchse 41 esposto al museo des blindés de Saumur- Wiki lic. cc1

CARATTERISTICHE TECNICHE

Sebbene classificato come fucile anticarro pesante, il sPzB 41 era configurato come un cannone anticarro tipico, con meccanismo di rinculo, affusto ruotato e scudo. Condivideva con i fucili anticarro solo il puntamento completamente manuale, senza meccanismi di elevazione e brandeggio. La canna ad anima conica aveva un calibro che si riduceva da 28 mm alla culatta a soli 20 mm alla volata. Il proiettile era circondato da due flange esterne che venivano schiacciate verso la volata, riducendo il diametro del proietto perforante in tungsteno. Questa configurazione permetteva di raggiungere velocità alla volata molto elevate, fino a 1.400 m/s. La volata era dotata di freno di bocca, mentre l'otturatore a cuneo orizzontale si chiudeva automaticamente con l'inserimento della munizione. L'arma era equipaggiata con una tacca di mira per distanze fino a 500 m e poteva montare il mirino telescopico ZF 1×11 del 3,7 cm PaK 36.

Il sistema di rinculo consisteva in un cilindro idropneumatico con recuperatore a molla. L'affusto scudato a ruote, con code divaricabili, era dotato di sospensioni elastiche. Le ruote con pneumatici potevano essere rimosse in 30-40 secondi per abbassare e ridurre la sagoma dell'arma. Il pezzo poteva essere scomposto in cinque carichi, il più pesante dei quali pesava 62 kg. Oltre alla versione normale furono realizzate due varianti specifiche:

- 2,8 cm *schwere Panzerbüchse 41 auf leichter Feldlafette* 41 (2,8 cm sPzB 41 leFl 41): variante per unità paracadutiste, con un affusto alleggerito privo di sospensioni e scudo. Le ruote standard erano sostituite da rotelle più piccole, riducendo il peso a 139 kg (118 kg senza rotelle). L'affusto permetteva un settore orizzontale di 360° e un'elevazione di -15°/+25°.
- 2,8 cm *Kampfwagenkanone* 42: variante adattata per l'installazione su carri armati. Furono prodotti 24 esemplari, ma non è chiaro se vennero mai utilizzati in combattimento.

▲ Cannoncino anticarro 2,8 cm esaminato da un soldato britannico. Sotto un cannone AC 2,8 vicino alle confezioni porta munizioni.

▼ Colliure Francia del Sud - soldato su un fucile anticarro pesante 41 in posizione sopra il porto

Il cannone venne anche installato su diversi vecioli come il Sd.Kfz 221, 250, 251 e sulle Horch 901 e 108.

CANNONE DA 3,7 CM PAK 36

Il cannone anticarro da 3,7 cm rappresentava il pezzo d'artiglieria più largamente prodotto dalle forze tedesche. Introdotto inizialmente nella Reichswehr e poi adottato dalla Wehrmacht, fu impiegato su tutti i fronti durante la Seconda Guerra Mondiale. Il progetto di questo cannone risale al 1925 e, già nel 1928, vennero testati i primi prototipi. Nel 1934, il progetto fu aggiornato per la trazione a motore e nel 1936, fu ufficialmente denominato cannone anticarro da 3,7 cm (3,7 cm Pak). La denominazione Pak 36, diffusa nel dopoguerra, probabilmente deriva da una specifica direttiva. Fino al 1937, l'arma era capace di perforare tutti i veicoli corazzati a una distanza di 1.000 metri. A questa distanza, il piccolo cannone, con l'equipaggio posizionato in modo da mimetizzarsi efficacemente, era difficilmente individuabile dai carristi nemici. Nonostante la bassa potenza del proiettile esplosivo HE, il cannone era spesso impiegato anche per il supporto della fanteria contro bersagli poco corazzati, grazie alla sua alta velocità di volata che garantiva una traiettoria tesa e una mira facilitata.

Il design ispirò modelli assai simili in diverse nazioni, tra cui Svezia, Polonia, Belgio, Stati Uniti e Cecoslovacchia. Dal 1937 al 1943, l'Unione Sovietica produsse oltre 37.000 unità di un cannone da 45 mm M1937, quai uguale al Pak tedesco.

DATI TECNICI:	
Entrata in servizio	1932
Lunghezza-Lunghezza canna	340 cm, 166cm
Peso in batteria	440 kg in marcia senno: 328 kg
Equipaggio	5 soldati
Velocità iniziale proiettile	750 m/sec
Settore di tiro orizzontale	60°
Settore di tiro verticale	-8° / +25°
Distanza tiro utile	400 metri
Celerità di tiro	15 colpi al minuto
Numero pezzi realizzati	14459

▲ Un Pak 36 con la sua bella scorta di munizioni a terra osservato da un soldato russo.

CANNONE DA 3,7 CM PAK 36 GERMANIA 1932-1945

L'attacco di questo cannone fu utilizzato anche per sviluppare il più potente Pak 41 leggero da 4,2 cm. Dopo il 1942, il cannone da 3,7 cm fu gradualmente sostituito nelle unità anticarro, ma continuò ad essere montato su veicoli semicingolati, come lo SPW 251/10, e utilizzato come base per altri pezzi d'artiglieria come il 15-cm-Nebelwerfer 41.

PRODUZIONE E CARATTERISTICHE TECNICHE

Alla fine del 1932, la Reichswehr possedeva già 264 esemplari del cannone da 3,7 cm. In totale, ne furono prodotte circa 14.459 unità, di cui 5.339 durante la guerra. La produzione richiedeva 900 ore di lavoro e il costo era di circa 5730 RM.

Il cannone anticarro da 3,7 cm era dotato di un supporto a gambe divaricate con due aste tubolari e un piccolo scudo protettivo di 5 mm di spessore. Il sistema di rinculo idropneumatico era integrato nella culla del tubo, che non aveva freno di bocca. Le ruote erano equipaggiate con pneumatici in gomma e camere d'aria individuali, rendendole resistenti ai colpi. Grazie al peso ridotto, il cannone poteva essere facilmente manovrato su brevi distanze.

Nelle fasi finali della guerra, venne sviluppato un proiettile speciale con carica cava. Questo proiettile, pesante 8,5 kg, era dotato di alette metalliche per stabilizzare la traiettoria e non richiedeva rotazione. Era inserito sulla volata del cannone e, grazie a una guarnizione interna, non disperdeva la potenza della carica di lancio, raggiungendo una velocità di 110 m/s.

Nonostante l'introduzione di armamenti più moderni, il cannone da 3,7 cm rimase in servizio di prima linea, grazie anche all'adozione del nuovo proiettile 3,7 cm Pak Pzgr 40, che ne aumentava del 30% la capacità di penetrazione.

▲ Un Pak 36 viene portato in posizione dal suo equipaggio. Bundesarchiv. Sopra foto piccola un cannone Pak 36 cobservato al museo storico delle armi a Munster in Germania. Wiki cc1.

▲ Particolari del cannone anticarro da 3,7 Pak 36 in un museo. Foto courtesy by Yuri Pasholok.

CANNONE DA 4,2 CM PAK 41

Il Pak 41 da 4,2 cm venne sviluppato per migliorare le prestazioni del Pak da 3,7 cm. Sebbene il cannone anticarro da 3,7 Pak 36 fosse inizialmente efficace, già nel 1940 risultava inadeguato contro buona parte dei carri armati meglio corazzati francesi e britannici.
Con l'inizio della guerra, gli ingegneri delle aziende belliche tedesche: Janecek, Krieghoff, Mauser, Gustloff, Rheinmetall, Steyr e Krupp lavorarono allo sviluppo di un nuovo cannone basato sul principio della canna conica per diversi calibri, con l'obiettivo di aumentare la velocità del proiettile e la capacità di penetrazione. Questo risultato fu ottenuto utilizzando proiettili con nucleo duro e rivestimento morbido. Tra questi progetti, vi era un cannone che utilizzava la struttura del Pak da 3,7 cm ma sparava proiettili da 4,2 cm compressi a 2,9 cm alla volata, raggiungendo così una velocità di uscita molto elevata.

Introdotto nel 1941, il Pak 41 da 4,2 cm fu la seconda arma anticarro a canna conica consegnata alla Wehrmacht, dopo il Panzerbüchse 41 da 2,8 cm. Le truppe paracadutisti erano interessate a questa arma per la sua combinazione di leggerezza e capacità di penetrazione, che permetteva il lancio aereo senza danni. Fu appunto in questo ambito, quello dei reaprti aviostrasporati che questa arma tecnologicamente avanzata venne principalmente utilizzata.

DATI TECNICI: (cannone ad anima conica)	
Entrata in servizio	1941/42
Lunghezza-Lunghezza canna	235 cm, 211 cm
Peso in batteria	642 kg
Costo unitario	8.000 Reichmark
Velocità iniziale proiettile	1265 m/sec
Settore di tiro orizzontale	60°
Settore di tiro verticale	-8° / +25°
Distanza tiro utile	1000 metri
Celerità di tiro	12 colpi al minuto
Numero pezzi realizzati	317

▲ Un Pak 41 per truppe aviotrasportate viene introdotto nella carlinga di un aliante da carico DFS 230.

CANNONE DA 4,2 PAK 41 GERMANIA 1941-1945

Sul nuovo Pak, furono sostituite le seguenti parti rispetto al "genitore" il Pak da 3,7 cm con il dispositivo/protocollo segreto numero 5-0404:

- Tubo con culatta
- Dispositivo di innesco
- Carrello/freno del tubo e preforo della molla (eccetto il cilindro del freno con premistoppa)
- Molle di torsione delle gambe oscillanti
- Dispositivo di pulizia
- Cappuccio della volata
- Copertura della culatta
- Copertura della marcia

Inoltre, furono modificate alcune parti del carrello, del reticolo del cannocchiale e degli accessori. A parte queste modifiche, il cannone era molto simile allla vista al Pak da 3,7 cm. Questo nuovo dispositivo è descritto nel regolamento di servizio D 391 del 23 febbraio 1942. Il Pak 41 da 4,2 cm si distingueva soprattutto per la canna assai più lunga (2,25 m rispetto a 1,66 m del Pak da 3,7 cm).

PRODUZIONE E CARATTERISTICHE TECNICHE

Il 7 agosto 1941, il Comando Generale XI del Corpo della Luftwaffe richiese all'Ufficio armamenti dell'Heer 140 di queste armi con relative munizioni. La produzione totale prevista era di 300 pezzi, con un costo iniziale di 7.800 RM ciascuno. Le prime nove unità furono prodotte nel novembre 1941, mentre le ultime consegne risalgono al maggio 1942 con 93 pezzi, per un totale di 317 unità prodotte, incluse le copie di pre-produzione. Come detto, un numero significativo di queste armi fu consegnato alla Luftwaffe. Anche le Waffen-SS ricevettero 25 pezzi di questo tipo. La Luftwaffe sviluppò anche un telaio di lancio speciale, sia per il Pak da 3,7 cm che per il Pak 41 da 4,2 cm, denominato dispositivo 10-5251 A-1.
Il Pak 41 utilizzava granate esplosive e proiettili Panzergranate 41 con nucleo in tungsteno per combattere i carri armati. A una distanza di 250 metri, questa poteva penetrare di ben 83 mm di acciaio inclinato a 60° e 105 mm con corazza perpendicolare. A 1000 metri, i valori calavano a 53 mm e 60 mm.
La produzione della granata Panzergranate 41 fu poi interrotta nel maggio 1942 a causa della scarsità di tungsteno e manganese necessari per la sua fabbricazione.

▲ Un Pak 41 di una unità paracadustista monta la guardia presso il ministero degli interni a Roma. Settembre 1943

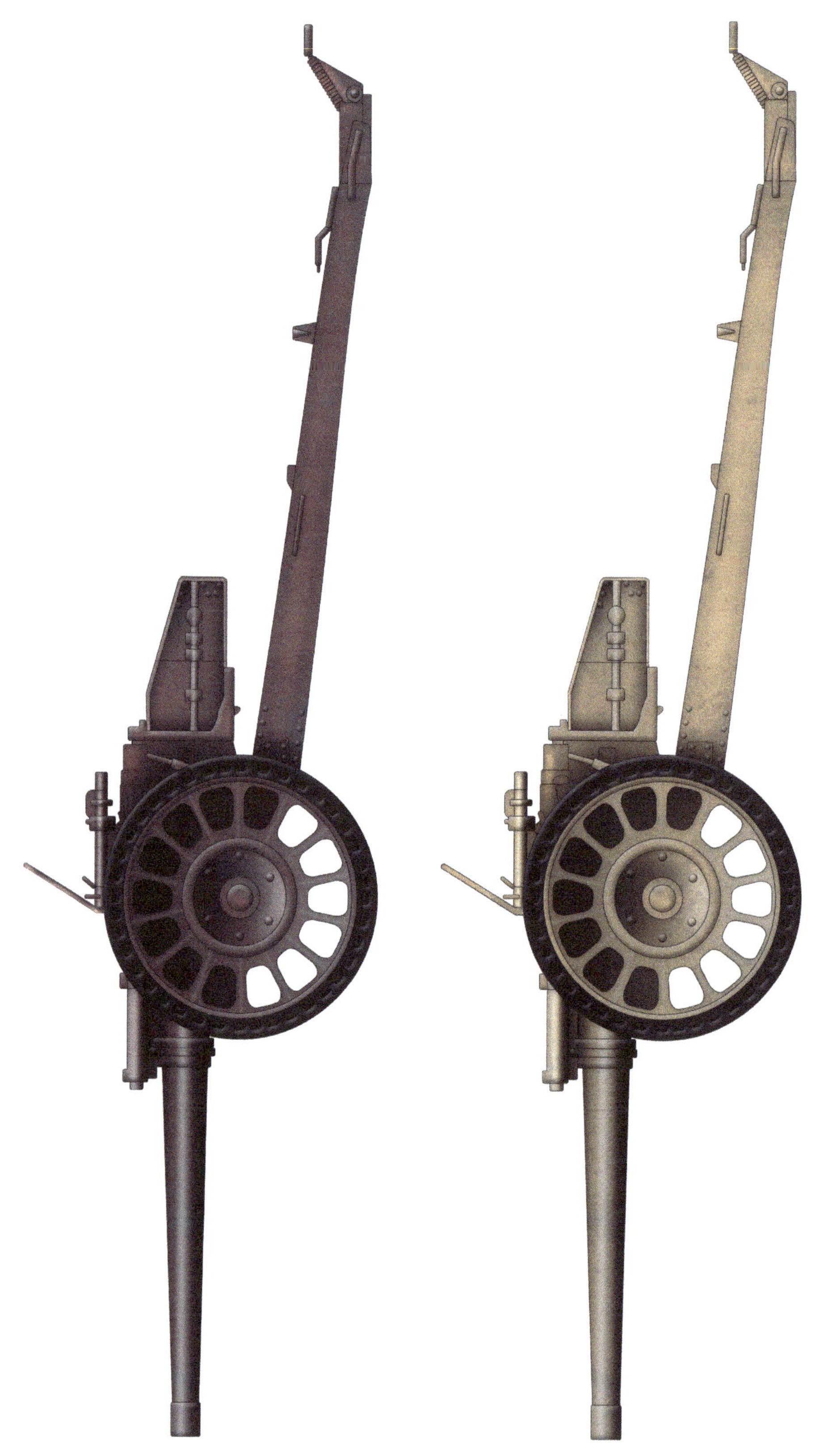

CANNONE DA 4,7 PAK 181 (F) GIÀ 47 SA 37 FRANCIA/GERMANIA 1936-1945

CANNONE DA 4,7 PAK 181(F)

Il *Canon antichar de 47 mm modèle 1937* era un cannone anticarro francese impiegato durante la seconda guerra mondiale. Dopo la sconfitta della Francia, l'esercito tedesco requisì 823 di questi cannoni, ribattezzandoli PaK 181(f), e li integrò nelle compagnie cacciacarri dei reggimenti di fanteria.

Il cannone era stato sviluppato nel 1936 dall'Atelier de construction de Puteaux (APX) e derivava dal *canon de 47 de marine modèle 1885*. L'APX creò una serie di cannoni da 47 mm per l'esercito francese, tra cui il 47 mm AC Mle 1934 da fortezza, il 47 mm SA 34 e 35 per carri armati, e un cannone d'accompagnamento da 47 mm, quest'ultimo però non venne accettato dalla fanteria, che preferì il Hotchkiss 25 mm Mle. 1934. L'artiglieria francese, in cerca di un sostituto per i vecchi cannoni campali da 75 mm Mle. 1897 adattati al ruolo anticarro, adottò infine il progetto nel dicembre 1936 come matériel de 47 modèle 1937.

DATI TECNICI: (cannone straniero catturato)	
Entrata in servizio (in Francia)	1939/40
Altezza-Lunghezza-Lunghezza canna	121cm, 410 cm, 235 cm
Peso in batteria	1100 kg
Utilizzatori	Francia, Germania, Italia
Velocità iniziale proiettile	855 m/sec
Settore di tiro orizzontale	68°
Settore di tiro verticale	-13° / +16°
Distanza tiro utile	1500 metri
Celerità di tiro	15/20 colpi al minuto
Numero pezzi realizzati	1268 (823 requisiti dai tedeschi)

La produzione del cannone venne assegnata all'arsenale di Bourges, mentre gli affusti furono realizzati da Salmson, Alstom, Delaunay-Belleville e l'arsenale di Roanne. La produzione in serie iniziò nel gennaio 1939 e proseguì fino a giugno 1940, con un totale di 1.268 pezzi fabbricati. L'obiettivo era formare 51 unità da 12 pezzi ciascuna, da assegnare alle divisioni di fanteria di prima linea. Nel 1940, settanta di questi cannoni furono montati su chassis Laffly W15T, creando il cacciacarri Laffly W15TCC, operato

▲ Un cannone da 4,7 modello 1937 probabilmente ancora francese vista anche la mitragliatrice vicina.

dalle Batterie d'Anti-Chars Automoteurs (BACA) con cinque semoventi per ogni batteria. All'inizio della campagna di Francia, il 10 maggio 1940, l'Armée disponeva di 111 batterie divisionali anticarro (BDAC) da 47 mm, di cui 20 motorizzate e 10 miste, ancora parzialmente equipaggiate con il cannone da 75 mm. Quarantacinque pezzi erano stati inviati in Nordafrica. Durante la campagna di Francia, furono mobilitate ulteriori 38 batterie, di cui 28 motorizzate e 11 BACA.

Dopo la resa della Francia, la Wehrmacht mise rapidamente in servizio i cannoni catturati come 4,7 PaK 181(f), trovandoli superiori al proprio 3,7 cm PaK 36 e comparabili al recente 5 cm PaK 38.
In totale, la Wehrmacht utilizzò 823 di questi cannoni per armare sia le compagnie anticarro dei reggimenti di fanteria sia le postazioni del Vallo Atlantico. Alcuni cannoni furono ceduti all'Italia, dove il Regio Esercito li ribattezzò "47/50 Mod. 37" e li utilizzò per la difesa territoriale, armando i capisaldi antisbarco in Sardegna.

CARATTERISTICHE TECNICHE

Il cannone era rinomato per le sue eccellenti qualità balistiche, sia in termini di precisione che di capacità di perforazione, rendendolo uno dei migliori anticarro della sua epoca. Tuttavia, l'alta velocità della sua munizione causava una rapida usura della canna, rendendo necessario lo sviluppo di una versione bibloc nel 1938 per facilitare il rapido cambio della canna.
I pezzi e le munizioni erano prevalentemente a traino animale, utilizzando avantreni agganciati a coppie di cavalli, lo stesso sistema del 75 mm Mle. 1897 modificato. La trazione meccanica era invece affidata ai trattori d'artiglieria leggeri semicingolato Citroën-Kégresse P17E, poi sostituiti dai Laffly W15T.

▲ Particolari e immagini del cannone anticarro da 4,7 Pak 181 (F).

CANNONE DA 4,7 PAK 36 (T)

Il *kanon PUV da 47 mm vz. 36* fu un cannone anticarro utilizzato dagli eserciti cecoslovacco e jugoslavo all'inizio della Seconda guerra mondiale. Fu schierato anche sulle fortificazioni cecoslovacche.
Venne progettato dalla Skoda tra il 1939 e il 1940 e utilizzato soprattutto dall'esercito tedesco come 4,7 cm PaK 36(t). Dotato di un affusto obsoleto, ma poteva contare su una munizione veramente efficace da 1,65 kg, capace di perforare a 640 metri una corazzatura di 51 mm.
Fu costruito in seguito all'esperienza con i cannoni anticarro da 37 mm per carri armati. Il suo destino, paradossalmente, fu di non sparare nemmeno un colpo per i cecoslovacchi, in quanto i tedeschi, dopo l'occupazione del paese, ne rimasero impressionati e decisero di usarlo come arma per i loro reparti. Verrà quindi riutilizzato dall'esercito tedesco con il nome di 4,7 cm Pak(t) (dove t sta per ceco) dopo la creazione del protettorato di Boemia-Moravia, in particolare per armare il cacciacarri Panzerjäger I e altri mezzi corazzati.

DATI TECNICI: (cannone straniero catturato)	
Entrata in servizio	1936
Lunghezza canna	204 cm
Peso in batteria	605 kg
Produttore	Skoda
Velocità iniziale proiettile	775 m/sec
Settore di tiro orizzontale	50°
Settore di tiro verticale	-8° / +26°
Distanza tiro utile	4000 metri
capacita perforazione corazze	50mm a 1000 metri.
Numero pezzi realizzati	n.c.

▲ Cannone anticarro da 4,7 cm sul telaio del Panzerjäger 1 nel deserto libico, maggio 1941. Bundesarchiv.

CANNONE AD ANIMA CONICA DA 28MM SPZB (SCHWERE PANZERBÜCHSE) - GERMANIA-1941

CARATTERISTICHE TECNICHE

Non venne praticamente usato invece come cannone anticarro classico. In tale funzione servì soprattutto nelle campagne in Francia. Qualcuno fu anche mandato in Nord Africa, ma nel 1942 fu presto sostituito da armi più efficaci . Chiamato talvolta dai tedeschi come 4,7 cm L/43,4 Pak 36(t), si rivelò uno dei cannoni anticarro più efficaci all'inizio del conflitto, ben superiore alle prestazioni del 3,7 cm Pak 36 che equipaggiava la Wehrmacht. Il suo supporto, privato di ruote e ali veniva installato direttamente in una sovrastruttura aperta sul telaio 202 Panzer I ausf. Verrà utilizzato nel 1941 sempre dai tedeschi anche sul telaio Renault R35 catturato per la messa in servizio di 174 panzerjäger 4.7cm PaK(t) auf Panzerkampfwagen 35R(f) ohne Turm. Alcuni esemplari originali verranno utilizzati invece per postazioni difensive, specialmente sul vallo atlantico.

Per il PaK 36(t) c'erano granate esplosive del peso di 1,5 kg Panzergranate 36(t) e granate anticarro del peso di 1,64 kg Panzergranate 40. La granata da carro armato era in grado di penetrare 52 mm di acciaio ad una distanza di 100 m con una corazza inclinata di 60°. Si dimostrò efficace contro tutti i carri armati francesi durante la battaglia di Francia, così come contro i carri armati leggeri sovietici durante il Barbarossa e i carri armati inglesi in Nord Africa. Contro i T34 non potevano niente. Il Panzergranate 40, un proiettile anticarro con nucleo in tungsteno, fu sviluppato nella seconda metà del 1940. Apparve subito molto efficiente, ma solo a corto raggio, ovviamente esponendo pericolosamente l'equipaggio di 3 uomini al tiro nemico.

▲ Un 47 Pak 36 nella sua versione con affusto originale ripiegato. Nella foto piccola lo stesso cannone conscervato in un museo militare. Wiki cc1

CANNONE DA 5,0 PAK 38 GERMANIA 1938-1945

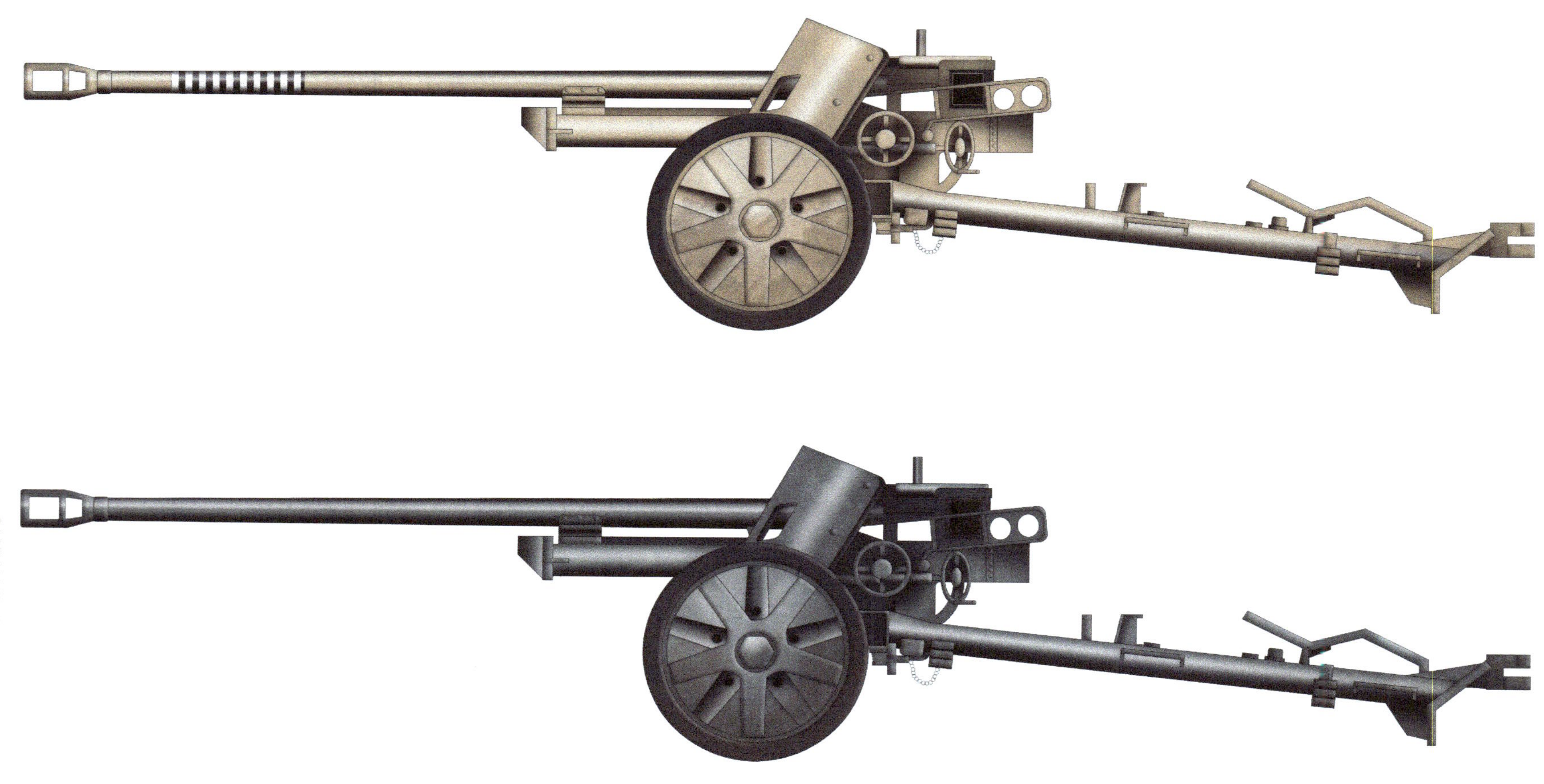

CANNONE DA 5,0 PAK 38

Il 5.0 cm *Panzerabwehrkanone 38*, conosciuto come 5 cm PaK 38, fu uno dei più formidabili cannonianticarro tedeschi, utilizzato dalla Wehrmacht durante la seconda guerra mondiale.
Progettato dalla Rheinmetall-Borsig per sostituire il vetusto 3,7 cm Pak 36, il PaK 38 vide la luce nel 1938. La produzione iniziò l'anno seguente e fu introdotto in servizio nel 1940. Tuttavia, fu solo durante l'Operazione Barbarossa nel 1941 che il PaK 38 fu impiegato su larga scala. In battaglia, si rivelò molto efficace, riuscendo a fronteggiare il temibile T-34. Tuttavia, l'uso di nuclei di tungsteno, un materiale prezioso per l'industria, limitò la sua diffusione, spingendo la Germania a sviluppare cannoni di calibro maggiore.
Il PaK 38 non rimase solo nella versione classica. Una versione automatica fu montata persino su aerei come il Me.262 e utilizzata anche come cannone antiaereo. Rimase lo standard anticarro per la fanteria tedesca per tutta la guerra. Da esso fu derivato il cannone da 5 cm KwK 39 L/60, impiegato sui carri Panzer III, prima di essere sostituito dal più potente 7,5 cm PaK 40. Nel 1942, un lotto di PaK 38 fu fornito al Regio Esercito, che li utilizzò in Russia con l'ARMIR.

DATI TECNICI:	
Entrata in servizio	1939
Lunghezza - Lunghezza canna	475cm, 297cm
Peso in batteria	986 kg
Produttore	Rheinmetall Borsig
Velocità iniziale proiettile	1198 m/sec
Settore di tiro orizzontale	65°
Settore di tiro verticale	-8° / +27°
Distanza tiro utile	2500 metri
cadenza di tiro	15 colpi al minuto
Numero pezzi realizzati	9.568

▲ Cannone anticarro da 5,0 cm Pak 38 conservato a Worthington Tank Museum at CFB Borden (Ontario, Canada). Anche se malmesso, il cannone dimostra tutta la sua forma di controcarro moderno. Wiki cc1

▲ Dall'alto in basso: un Pak 38 trainato da un SdKfz 10 attraversa un ponte in Russia (giugno 1942). Soldati tedeschi con cannone anticarro 38 da 5 cm in posizione; PK XI.°Corpo dell'Aviazione. Tunisia. Campagna franco-belga, rifornimento ferroviario, scarico di un cannone anticarro 38 da 5 cm; Pak 38. Foto Bundesarchicv Wiki cc1

CARATTERISTICHE TECNICHE

Il PaK 38 pesava circa 1.000 kg e misurava 4,75 metri in lunghezza. La sua canna, lunga 60 calibri, era dotata di freno di bocca e poteva sparare tra i 4.000 e i 5.000 colpi. Le munizioni comprendevano la PzG39, una granata perforante da 2,25 kg con una velocità iniziale di 835 m/s, e la SpG39, una granata esplosiva da 1,96 kg. Per affrontare i robusti carri sovietici come il T-34 e il KV-1, fu introdotta la PzG40-H, una granata con nucleo di tungsteno che raggiungeva i 1.100 m/s.

Per combattimenti ravvicinati, furono distribuite speciali granate a carica cava come la SG42, pesante 13,5 kg e capace di perforare 180 mm di corazza a 500 metri. Gli organi di mira includevano un cannocchiale panoramico Zeiss F3 da 3 ingrandimenti e un alzo metallico pieghevole di emergenza.

L'affusto a ruote d'acciaio era leggero e caratterizzato da una sagoma bassa. La bocca da fuoco aveva un'elevazione da -8° a +27° e un settore orizzontale di 65°. La scudatura proteggeva i cinque serventi con due elementi di lamiera d'acciaio spessa 4 mm. Lo stesso affusto fu utilizzato anche per il 7,5 cm PaK 97/38.

IMPIEGO OPERATIVO

Il PaK 38 era solitamente trainato da un veicolo da 2 tonnellate, come l'Opel Blitz, o da un semicingolato SdKfz 251 sul fronte orientale. Le batterie anticarro reggimentali e divisionali della Wehrmacht erano equipaggiate con sei pezzi ciascuna, mentre i reggimenti di fanteria e artiglieria avevano almeno una batteria anticarro dotata di PaK 38. Apprezzato dai cannonieri tedeschi per la sua facilità di manovra e messa in batteria, il PaK 38 era anche semplice da mimetizzare. Le munizioni leggere rispetto ai cannoni più pesanti lo rendevano meno faticoso da usare. Le sue prestazioni, unite all'abilità dei cannonieri tedeschi, lo resero un avversario temibile per i carri alleati. In particolare, in Nord Africa, i carristi britannici temevano il PaK 38 per la sua sagoma bassa che lo rendeva difficile da individuare.

A partire dal 1943, le corazze dei carri sovietici e statunitensi divennero troppo spesse per il PaK 38, costringendo i serventi ad accorciare le distanze di ingaggio con tutti i rischi che ne derivavano. Nonostante ciò, la Wehrmacht mantenne il PaK 38 in servizio fino alla fine della guerra e lo fornì generosamente agli alleati come Italia, Ungheria e Finlandia.

▲ Bella vista dello scudo e della culatta del pezzo da 5,0 Pak 38. Un cannone davvero ecezionale.

CANNONE DA 7,5 PAK 97/38 FRANCIA/GERMANIA 1941-1945

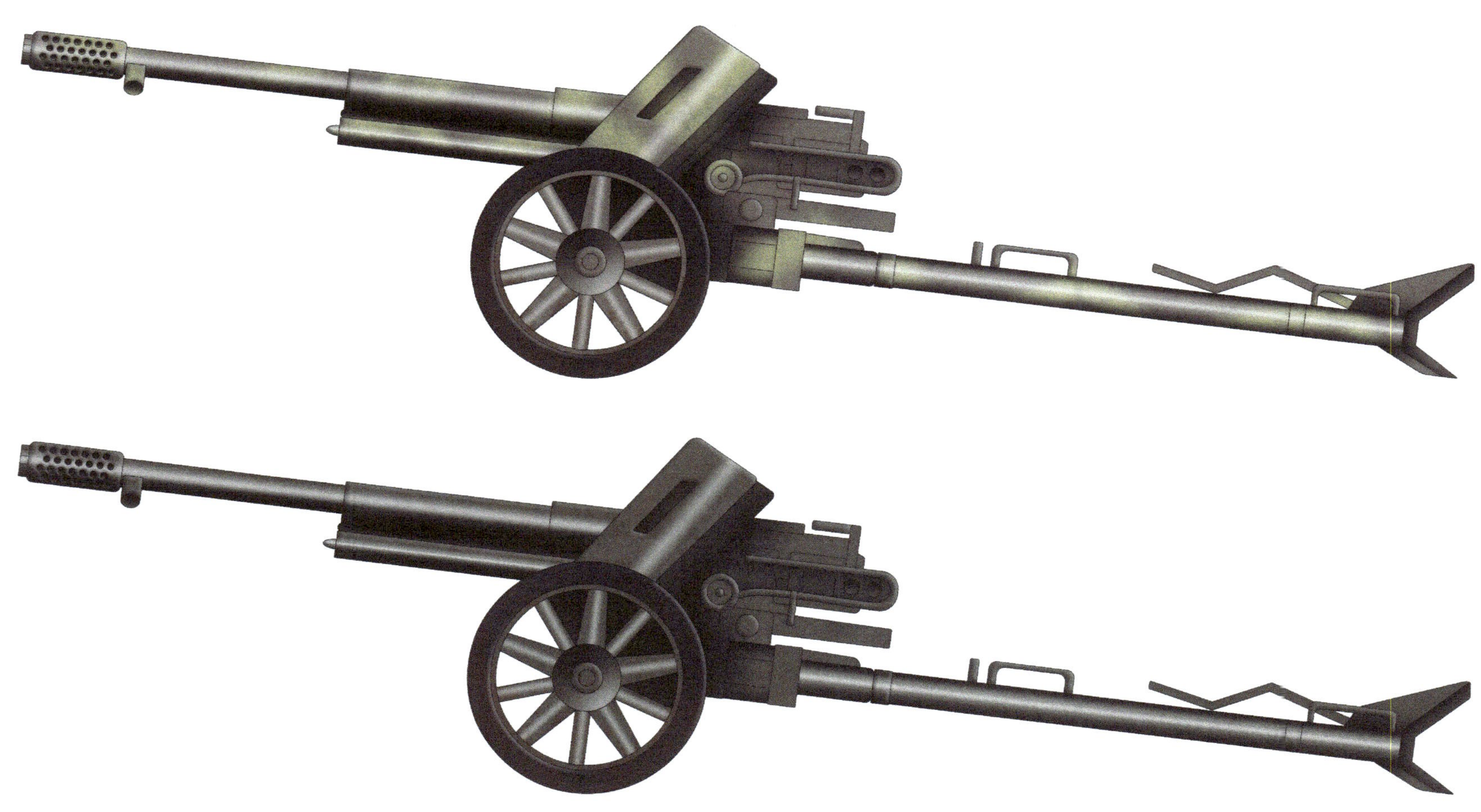

CANNONE DA 7,5 PAK 97/38

Il Pak 97/38 da 7,5 cm fu una delle soluzioni ingegnose portate avanti dalla Wehrmacht durante la seconda guerra mondiale, frutto di un'abile combinazione di componenti pre-esistenti. Questo cannone anticarro univa il robusto affusto del 5 cm Pak 38 alla canna del Canon de 75 mm modèle 1897 francese, creando un'arma potente e versatile. Durante le campagne di invasione in Polonia e Francia, la Wehrmacht acquisì migliaia di cannoni *Schneider da 75 mm Mle. 1897*. Ribattezzati subito dai tedeschi come 7,5 cm FK 97 (p) e 7,5 cm FK 231 (f), questi cannoni continuarono a servire come artiglieria da campagna. Tuttavia, con l'invasione dell'Unione Sovietica nel 1941, le truppe tedesche si trovarono di fronte ai nuovi carri armati sovietici T-34 e KV-1, la cui corazza inclinata e spessa rendeva inefficaci i tradizionali cannoni anticarro da 3,7 cm PaK 36. La soluzione definitiva fu il 7,5 cm PaK 40, ma nell'attesa della sua produzione in massa, era necessaria una soluzione temporanea. Il cannone Schneider da 75 mm, cosi com'era, presentava diversi limiti per il ruolo anticarro: bassa velocità iniziale, limitato angolo di tiro e scarsa mobilità. Per superare tutti questi problemi, la canna del 75 mm fu montata sull'affusto moderno del Pak 38. Inoltre, fu aggiunto un freno di bocca per attenuare il rinculo, e venne anche adottato un proiettile a carica cava (HEAT), la cui efficacia non dipendeva dalla velocità iniziale.

DATI TECNICI: (cannone straniero catturato)	
Entrata in servizio	1941
Lunghezza - Lunghezza canna	465cm, 258 cm
Peso in batteria	1270 kg
Produttore	Rheinmetall - Soletta
Velocità iniziale proiettile	570 m/sec
Settore di tiro orizzontale	60°
Settore di tiro verticale	-10° / +18°
Costo unitario	9000 Reichsmark
cadenza di tiro	10-14 colpi al minuto
Numero pezzi realizzati	3.712

▲ Cannone anticarro 75 mm PaK 97/38 in esposizione al Mikkeli Infantry museum. Wiki cc1

Nel 1942, furono prodotti 2.854 di questi cannoni, seguiti da altri 858 nel 1943, con un costo di 9.000 Reichsmark per pezzo, inferiore ai 12.000 del Pak 40. Nonostante l'efficacia limitata e il forte rinculo, il Pak 97/38 fu ampiamente utilizzato fino alla fine della guerra.

Le munizioni utilizzate parlano chiaro: 37.800 proiettili HEAT nel 1942 e 371.600 nel 1943. Al 1° marzo 1945, erano ancora in servizio 145 di questi cannoni, di cui 14 in prima linea. Alcuni di questi cannoni furono installati sperimentalmente sui carri leggeri sovietici T-26, creando i semoventi 7,5 cm Pak 97/38 (f) auf Pz.740 (r), che operarono nella 3ª Compagnia del 563° Battaglione anticarro fino al marzo 1944, quando furono sostituiti dai Marder III.

Il Pak 97/38 trovò utilizzo anche nell'esercito finlandese durante la Guerra di continuazione. Insoddisfatti delle prestazioni degli Schneider da 75 mm, i finlandesi aggiornarono 46 pezzi allo standard tedesco nel 1943, e alcuni di questi rimasero in servizio addirittura fino al 1986.

Anche Romania e Ungheria adottarono il Pak 97/38: dieci cannoni furono forniti ai rumeni nel 1942, mentre l'esercito ungherese ne schierò 43.

Per quanto riguarda l'Italia, le divisioni dell'ARMIR ricevettero una batteria armata con questi cannoni, ribattezzati 75/39, eccetto la 156ª Divisione fanteria "Vicenza", trattandosi di un'unità di seconda linea.

Il Pak 97/38 da 7,5 cm rappresentò un esempio brillante di adattamento e ingegno militare, trasformando vecchie armi in strumenti efficaci per le sfide moderne del campo di battaglia.

▲ Alcuni cannoni 7,5 97/38 con la tipica mimetica su base verde e righe giallo scuro. Nella foto piccola un bel esemplare dello stesso cannone conservato presso il Hämeenlinna Artillery Museum in Finlandia.

CANNONE DA 7,5 PAK 40

Il 7,5 cm PaK 40 (*Panzerabwehrkanone* 40 da 75 mm) fu il cannone anticarro standard dell'esercito tedesco nella seconda parte della seconda guerra mondiale.

Il 21 novembre 1939, il comando supremo sovietico decise di riorganizzare le forze meccanizzate, sostituendo il corpo d'armata con la divisione come unità di combattimento, e sopratutto di sostituire i carri BT-7 con i nuovi T-34, allora in fase avanzata di progettazione. Questa decisione giunse rapidamente allo stato maggiore di Berlino, che all'epoca utilizzava il 5 cm PaK 38 come arma anticarro principale, appena entrato in produzione ma non ancora distribuito. Considerando le presunte caratteristiche del T-34, i pianificatori tedeschi conclusero (correttamente) che fosse necessario un cannone più potente. Pertanto, commissionarono alla Rheinmetall-Borsig lo sviluppo di un cannone da 75 mm con caratteristiche tattiche simili al PaK 38. La nuova arma, il 7,5 cm PaK 40 (L/46), fu pronta l'anno successivo, ma entrò in servizio solo verso la fine del 1941.

DATI TECNICI:	
Entrata in servizio	1940
Altezza - Lunghezza - Lunghezza canna	125 cm, 620 cm, 345 cm
Peso in batteria	1425 kg
Produttore	Rheinmetall - Borsig
Velocità iniziale proiettile	750 m/sec
Settore di tiro orizzontale	65°
Settore di tiro verticale	-5° / +22°
Portata utile	1800 metri, max 7.700 metri
cadenza di tiro	14 colpi al minuto
Numero pezzi realizzati	23.300

CARATTERISTICHE TECNICHE

Il nuovo cannone mantenne la struttura base del 5 cm PaK 38, con un affusto a doppia coda divaricabile e orecchioni arretrati. L'uso dell'acciaio per l'affusto, anziché di leghe leggere come nel PaK 38, aumentò notevolmente il peso del pezzo, riducendone al contempo la mobilità tattica. Le leghe leggere, necessarie per la costruzione aeronautica, non erano disponibili per i mezzi terrestri. I serventi erano protetti da un piccolo scudo in acciaio, costruito con lamiere saldate, permettendo al pezzo di avere un'altezza di soli 1245 mm e quindi una bassa visibilità tattica, utile per posizionarlo in agguato.

▲ Cannone anticarro 75 mm PaK 40 in esposizione al Base Borden Military Museum. Wiki cc1

CANNONE DA 7,5 PAK 40 GERMANIA 1938-1945

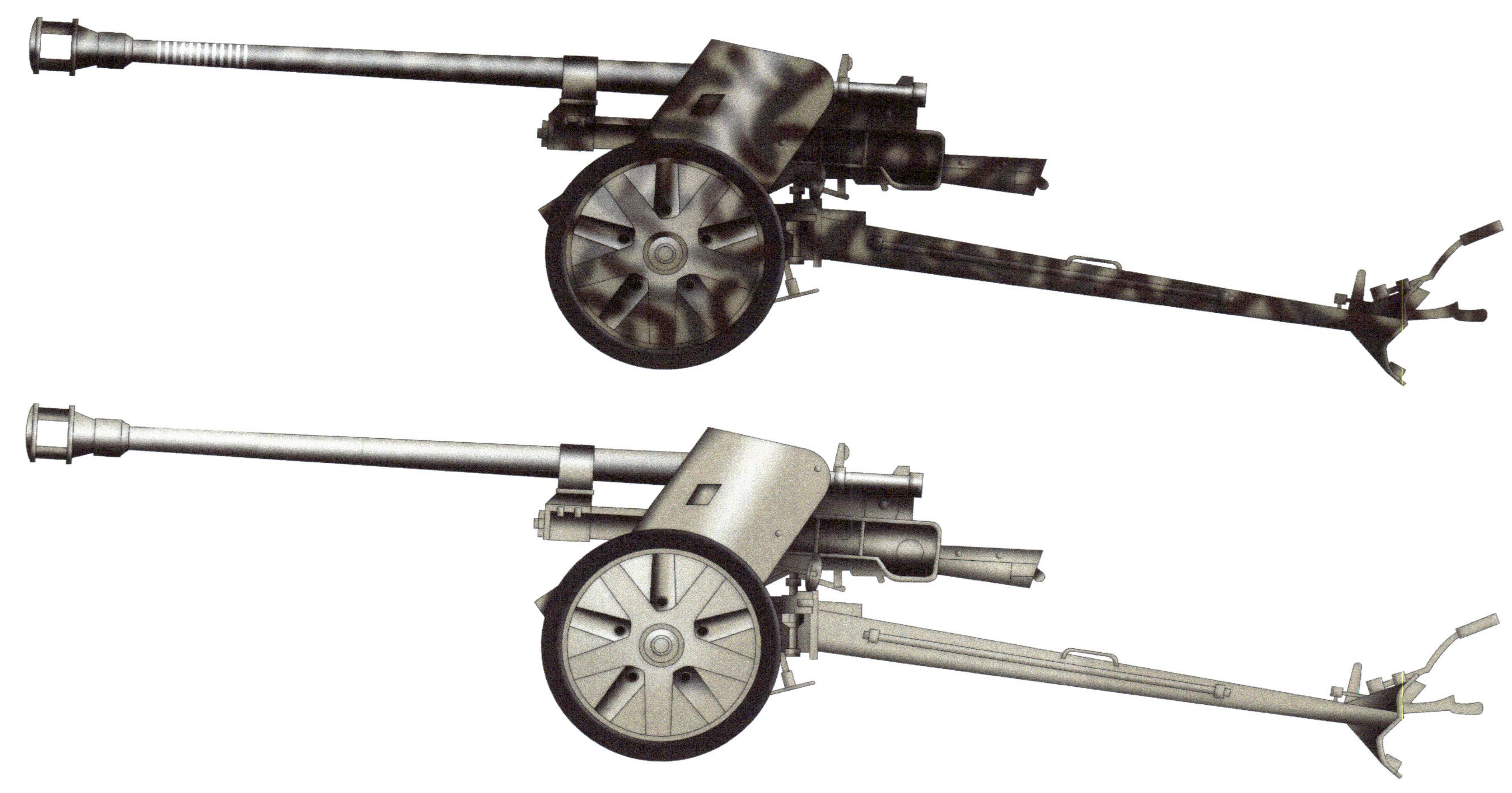

L'affusto era su ruote con gomme piene, inizialmente in acciaio stampato e successivamente a raggi. Nonostante il peso di circa 1500 kg, l'affusto rimase a un solo asse, poiché un affusto a due assi avrebbe comportato maggiori complicazioni.

STORIA E IMPIEGO

Con l'incremento dell'uso di carri armati sovietici pesantemente corazzati come il T-34, il KW-1 e il KW-2, il Pak 38 da 5 cm, introdotto a metà del 1940 dopo la campagna di Francia, come già detto si rivelò inadeguato. La corazza del T-34 poteva essere penetrata solo a distanze molto ravvicinate. Peggio andò per il vecchio Pak da 3,7 cm, ancora utilizzato da alcune unità, che si dimostrò largamente inefficace con le munizioni standard.

La produzione in serie del PaK 40 L/46 iniziò all'inizio del 1942. Già nel marzo dello stesso anno, il ministro degli armamenti Speer sottolineò a Hitler la necessità di aumentare rapidamente la produzione del PaK 40. Tuttavia, il suo peso di oltre 1,4 tonnellate richiedeva l'uso di un veicolo da traino leggero da 3 tonnellate (Sd.Kfz. 11) per essere spostato, aumentandone le problematiche. Il cannone poteva essere trasportato anche in montagna o sulla neve, smontato e caricato su tre Heeresschlitten (Hs. 5) disponibili dal 1942. In risposta a una richiesta specifica dell'Afrika Korps, che necessitava di cannoni motorizzati, il PaK 40 fu montato sui trattori francesi Lorraine esistenti, dando vita al progetto noto come Marder I, seguito dai Marder II, Marder III e 7,5 cm PaK su RSO.

Uno svantaggio tattico del PaK 40 era il freno di volata, che sollevava polvere, rivelando la posizione del cannone. Unito al peso di 1425 kg erano fattori che comportavano gravi perdite: nel luglio e agosto 1944, durante l'invasione della Normandia e l'offensiva dell'Armata Rossa contro il Gruppo d'Armate Centro, furono persi oltre 1200 cannoni.

Nel 1943 e 1944, il PaK 40 tuttavia costituì la spina dorsale della difesa anticarro tedesca. Comunque con il progredire della guerra, emerse che anche il PaK da 7,5 cm non era più sufficiente contro tutti i carri armati nemici. A metà del 1944, sul fronte orientale apparvero nuovi blindati pesanti, come la serie IS sovietica, contro i quali il PaK 40 lottava con serie difficoltà. Il PaK da 7,5 cm fu utilizzato anche dopo la guerra dagli eserciti di Austria, Finlandia e Cecoslovacchia ancora per diversi anni.

▲ Un 75 Pak 40 in dotazione ad una unità di paracadutisti. Fronte russo 1943. Wiki cc1.

▲ Vari particolari del 7,5 Pak 40 conservati in diversi musei tedeschi e finlandesi. Wikipedia CC1

▲ Il 75 Pak 40 in azioni di combattimento: dall'alto Truppe tedesche in Francia ottobre 1943, nel mezzo artiglieri tedeschi con il loro cannone nella zona di Rimini sulla linea gotica nel 1944. Sotto: artiglieri in Francia 1943.

CANNONE DA 7,5 PAK 41 GERMANIA 1941-1945

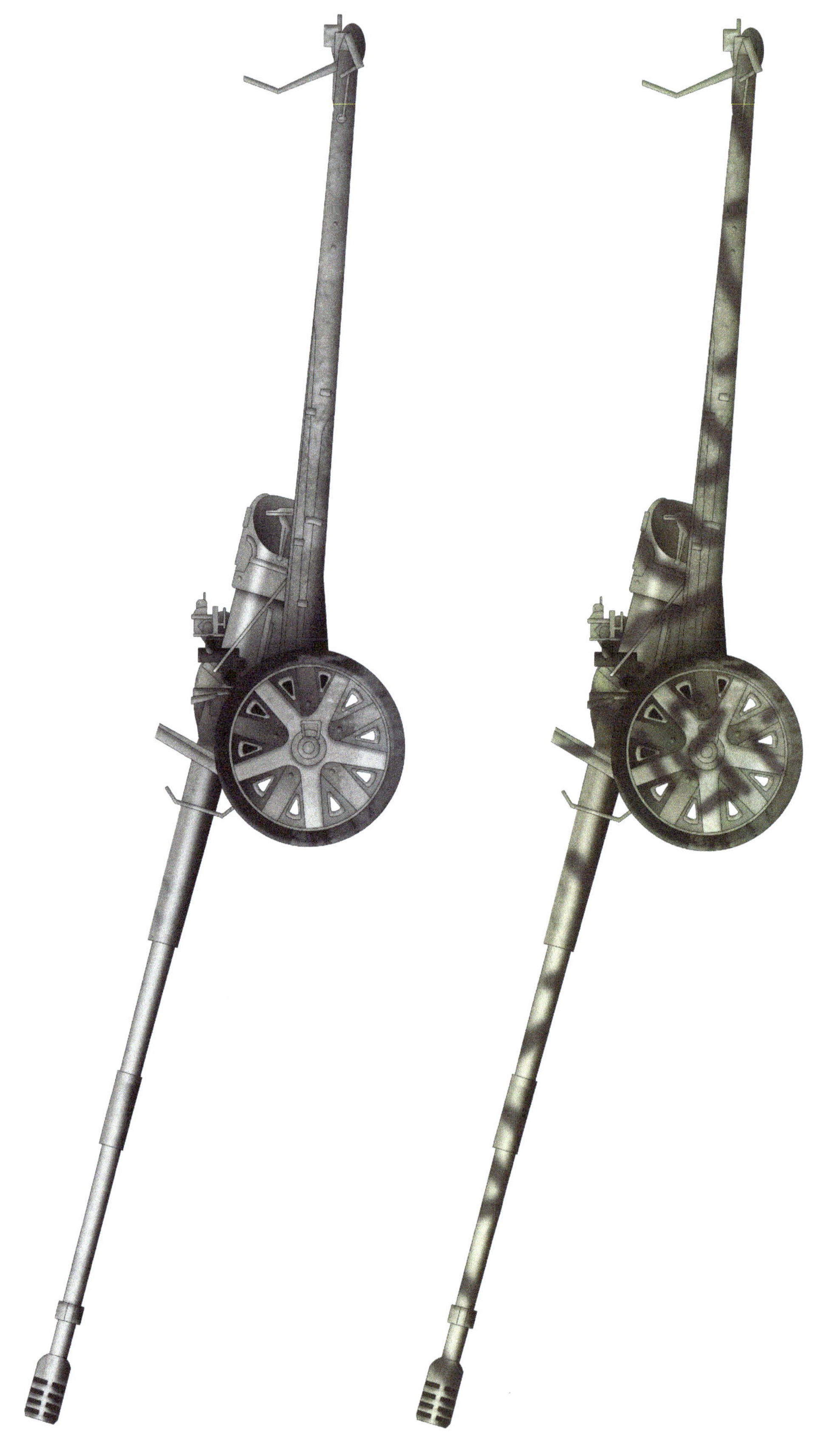

CANNONE DA 7,5 PAK 41

Il cannone da 7,5 cm 41, conosciuto anche come *Panzerjägerkanone* 41 da 7,5 cm, era un cannone anticarro tedesco da 75 mm utilizzato durante la Seconda guerra mondiale. Sviluppato da Krupp AG nel 1942, questo cannone presentava caratteristiche davvero uniche, in particolare il cannone anticarro Pak da 75 mm, sviluppato in parallelo. I primi modelli del Pak 40 avevano una canna conica, un capolavoro di ingegneria, costituita da sezioni coniche e cilindriche alternate. I proiettili erano progettati con una parte anteriore speciale, che permetteva al diametro di ridursi man mano che avanzavano lungo la canna. Questo design garantiva un uso ottimale della pressione dei gas di combustione, migliorando parecchio l'efficacia del colpo.

DATI TECNICI: (cannone ad anima conica)	
Entrata in servizio	1941-1943
Altezza - Lunghezza - Lunghezza canna	116cm, 740cm, 432 cm
Peso in batteria	1350 kg
Produttore	Krupp AG
Velocità iniziale proiettile	1265 m/sec
Settore di tiro orizzontale	60°
Settore di tiro verticale	-12° / +16°
Portata utile	2.000 metri. Max 7.500 metri
cadenza di tiro	12-14 colpi al minuto
Numero pezzi realizzati	150

CARATTERISTICHE TECNICHE

La canna del cannone era composta da una canna, un ugello, una boccola, un freno di bocca, un giunto e una culatta. La culatta era collegata ala canna tramite un giunto, mentre l'ugello era avvitato alla parte anteriore dela canna. La giunzione tra canna e ugello era coperta da un manicotto fissato con una vite. La lunghezza della canna era di 2950 mm, mentre quella dell'ugello era di 1115 mm. Il canale della canna comprendeva una camera e una parte cilindrica filettata, mentre il canale dell'ugello era composto da una sezione conica liscia di 455 mm e una sezione cilindrica liscia di 500 mm. Il diametro del cono maggiore era di 75 mm, mentre quello del cono minore era di 55 mm. L'otturatore era un semiautomatico a cuneo verticale. I dispositivi di rinculo comprendevano un freno idraulico e un godrone a molla, entrambi

▲ Cannone 7,5 Pak 41 durante i test effettuati sul campo di prova di Gorohovets, nell'autunno del 1942.

collocati in una culla. Una caratteristica distintiva del design era l'assenza di macchine utensili superiori e inferiori tradizionali. La parte inferiore del cannone era uno scudo costituito da due piastre corazzate parallele, rinforzate con paratie intermedie per aumentare la rigidità. La culla e i meccanismi di guida erano fissati allo scudo. La canna si muoveva all'interno della culla durante il rinculo. I dispositivi di rinculo erano posizionati nella parte inferiore a forma di trogolo della culla. La parte cilindrica della culla aveva perni orizzontali per il puntamento verticale, mentre il segmento sferico aveva perni verticali per il collegamento allo scudo. Sul cilindro della culla erano montati i meccanismi di sollevamento e rotazione. Il cannone era trasportato mediante trazione meccanica, con una sospensione a barra di torsione che si disattivava automaticamente quando i telai venivano allontanati. La trasmissione era dotata di un freno pneumatico comandato dal conducente del trattore, e le ruote erano in metallo con pneumatici in gomma piena.

IMPIEGO IN COMBATTIMENTO

Il cannone Pak 41 da 7,5 cm si dimostrò efficace in combattimento, utilizzando vari tipi di proiettili. A una distanza massima di 500 metri, riusciva a penetrare tutti i tipi di carri armati pesanti. Tuttavia, le difficoltà tecnologiche nella produzione del cannone e dei proiettili impedirono l'avvio di una produzione in serie. Nel marzo 1945, su 150 cannoni prodotti, solo 11 erano ancora operativi, di cui 3 al fronte.
La maggior parte dei cannoni furono immediatamente inviati al fronte sovietico-tedesco e distribuiti tra le divisioni anticarro di fanteria e le divisioni motorizzate. Le recensioni dal fronte sull'uso del cannone furono entusiastiche. Nell'agosto 1942, la Wehrmacht perse i primi tre cannoni, uno dei quali fu catturato dall'Armata Rossa in buone condizioni. Alla fine del 1942, furono perduti altri 17 Pak 41. A causa della scarsità di tungsteno, i tedeschi tentarono di sostituire il materiale con proiettili a nucleo d'acciaio, ma questi si rivelarono meno efficaci. Nel frattempo, un altro cannone anticarro, il Pak 40 da 7,5 cm, più tradizionale, iniziò ad essere fornito in massa alle truppe. Nell'aprile 1943, la Wehrmacht possedeva ancora 78 cannoni Pak 41, alcuni dei quali furono smantellati per pezzi di ricambio. Il 25 luglio 1943, l'OKW decise di spostare 65 cannoni Pak 41 per la difesa costiera in Francia. Tuttavia, lacarenza di proiettili perforanti rese questi cannoni poco utili anche sul Vallo Atlantico, parteciparono comunque alle battaglie contro gli Alleati nel 1944. Il numero di Pak 41 in servizio diminuì costantemente e al 1° marzo 1945 solo 11 cannoni sopravvissero.

▲ Particolari dellla canna, del freno di bocca e dello scudo Pak 41 da 7,5 e alcuni tipi dei suoi munizionamenti.

CANNONE DA 7,5 PAK 50

Uno dei cannoni anticarro tedeschi meno conosciuti è il *Panzerabwehrkanone* 50 (PaK 50) da 7,5 cm. L'intento del PaK 50 era quello di creare una versione più piccola, leggera e trasportabile del potente cannone anticarro da 7,5 cm PaK 40. Lo sviluppo di questo nuovo cannone iniziò alla fine del 1943. Per raggiungere questo obiettivo, la canna del PaK 40, lunga 345 cm, fu ridotta a 143 cm. All'estremità della canna fu montato un grande freno di volata di forma squadrata, con cinque deflettori, ma un altro prototipo ne aveva solo tre. Lo scopo di un freno di volata è quello di reindirizzare i gas propellenti per contrastare le forze di rinculo e, in alcuni casi, ridurre l'innalzamento della canna. Nel caso del PaK 50, i deflettori erano angolati ai lati e sul retro, in modo da sfogare i gas verso la parte posteriore e quindi tirare l'arma in avanti, riducendo le forze di rinculo. Lo svantaggio di questo design è che i gas vengono spostati indietro verso l'equipaggio dell'arma e l'esplosione può sollevare sporcizia e detriti. Ciò può oscurare la visuale dell'artigliere e rendere visibile la posizione di tiro dell'arma. Come contromisura, quando è possibile, alcuni equipaggi di cannoni anticarro bagnano il terreno intorno al cannone per ridurre la quantità di polvere e detriti che si sollevano dopo lo sparo.

DATI TECNICI:	
Entrata in servizio	1944
Lunghezza - Lunghezza canna	224 cm, 143 cm
Peso in batteria	1100 kg
Produttore	Rheinmetall - Borsig
Velocità iniziale proiettile	750 m/sec
Settore di tiro orizzontale	65°
Settore di tiro verticale	-8° / +27°
Portata utile	max 6.000 metri
cadenza di tiro	15 colpi al minuto
Numero pezzi realizzati	350

▲ Bella vista del cannone da 7,5 cm Pak 50, uno degli ultimi ad essere prodotti dall'esercito tedesco.

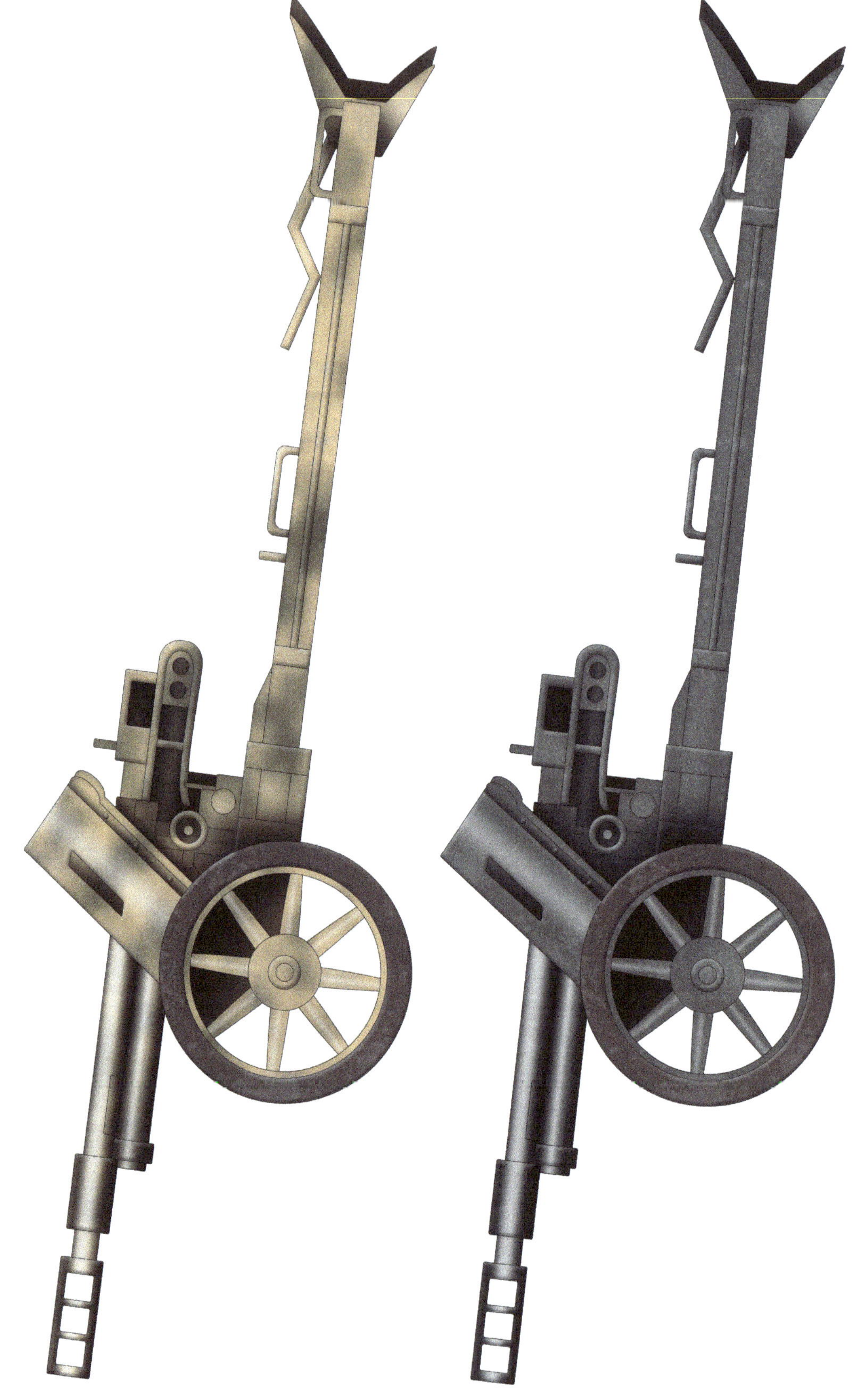

CANNONE DA 7,5 PAK 50 GERMANIA 1944-1945

CARATTERISTICHE TECNICHE

Il Pak 50 era composto da una canna accorciata del Pak 40 da 7,5 cm e un meccanismo di rinculo montato sull'affusto del precedente Pak 38 da 5 cm. La carrozza presentava un design a binario diviso con ruote metalliche a raggi e pneumatici in gomma piena. Era inoltre dotato di uno scudo curvo a due strati e di una culatta semiautomatica a cuneo scorrevole orizzontale. Dopo ogni sparo, la culatta si apriva automaticamente, espellendo il bossolo vuoto, e restava aperta fino all'inserimento del colpo successivo, momento in cui si richiudeva rendendo l'arma pronta per un nuovo sparo.

Per proteggere l'equipaggio del cannone, veniva utilizzato uno scudo a due strati in cui esisteva uno spazio tra la piastra anteriore e quella posteriore. Si trattava di un tipo di armatura distanziata che riduceva il potere di penetrazione dei proiettili di piccolo calibro. Le fotografie disponibili del Pak 50 mostrano due differenti tipi di freni di bocca: uno con un design quadrato a tre deflettori e l'altro con un design a cinque deflettori. Il Pak 40 pesava 1.425 kg, mentre il Pak 50 era più leggero, con un peso di 1.100 kg. Rispetto agli IG 37 e IG 42, che pesavano tra 510 e 590 kg, il Pak 50 era notevolmente più pesante e la sua elevazione massima di +27° era inferiore a quella dei due cannoni di supporto della fanteria.

La ridotta capacità di elevazione suggerisce che il Pak 50 fosse destinato al fuoco diretto piuttosto che a quello indiretto, e il suo peso maggiore indicava l'uso di proiettili più grandi rispetto ai cannoni di supporto della fanteria. È possibile che utilizzasse un proiettile più piccolo del proiettile del Pak 40 e che invece di un proiettile perforante convenzionale, sparasse un proiettile HEAT. Il vantaggio del colpo HEAT è che, grazie alla sua carica chimica, la velocità alla volata e il rinculo potevano essere ridotti, poiché il colpo si basava sull'energia chimica per penetrare l'armatura, piuttosto che sulla velocità. Tuttavia, le munizioni utilizzate e le prestazioni specifiche dell'arma rimangono sconosciute, poiché il cannone non è mai stato elencato nelle tabelle delle munizioni di guerra tedesche.

Il cannone aveva una depressione massima di -8 gradi e un'elevazione massima di 27 gradi. Per la traslazione, il cannone poteva essere ruotato in un arco di 65 gradi prima di dover spostare l'intero cannone se era necessaria un'ulteriore traslazione. Si ritiene che il PaK 50 avesse prestazioni simili al più grande PaK 40 e quindi, sparando munizioni perforanti Panzergranate 39 (PzGr. 39), il PaK 50 poteva penetrare circa 64 mm a 1.500 metri. Sparando il proiettile anticarro PzGr. 38 HL/B poteva penetrare 75 mm. Sebbene il PaK 50 fosse più facilmente occultabile grazie alla sua altezza ridotta e alle dimensioni più compatte, il peso in combattimento dell'arma costituiva un handicap. Non si sa bene se il PaK 50 fu impiegato in combattimento. Si parla di una produzione di alcune centinaia di PaK 50 e che siano state distribuite alle truppe anticarro, ma questo non è stato verificato. Oggi non rimane che un solo esemplare di PaK 50 e le uniche fotografie conosciute mostrano i cannoni in prova e la manciata di esemplari catturati dagli Stati Uniti dopo la guerra (mostrati nelle nostre foto).

▲ Altre angolazioni e articolari del cannone 7,5 Pak 50.

CANNONE DA 7,62 PAK 36 RUSSIA/GERMANIA 1941-1945

CANNONE DA 7,62 PAK 36 (R)

Il 7,62 cm *Panzerabwehrkanone* 36(r) (abbreviato in 7,62 PaK 36(r)) fu un cannone anticarro tedesco utilizzato dalla Wehrmacht durante la seconda guerra mondiale. Questo pezzo d'artiglieria derivava dalla modifica del cannone sovietico da 76,2 mm M1936 catturato in gran numero nelle prime fasi dell'operazione "Barbarossa". Quando questi cannoni entrarono in servizio, dopo le modifiche apportate dai tedeschi, erano in grado di distruggere qualsiasi carro armato del tempo a distanze di combattimento standard. Sebbene fosse più pesante e con capacità di penetrazione leggermente inferiori rispetto al PaK 40, la modernizzazione del vecchio F-22 fornì alla Wehrmacht un'arma efficace a un costo inferiore rispetto alla produzione di un nuovo pezzo.

DATI TECNICI: (cannone straniero catturato)	
Entrata in servizio	1941-1942
Lunghezza - Lunghezza canna	390 cm, 368 cm
Peso in batteria	1710 kg
Produttore	Hanomag
Velocità iniziale proiettile	700 m/sec
Settore di tiro orizzontale	60°
Settore di tiro verticale	-6° / +18°
Portata utile	max 14.000 metri
cadenza di tiro	10-12 colpi al minuto
Numero pezzi realizzati	560 (1300 catturati)

Subito dopo l'invasione tedesca dell'URSS nel 1941, le truppe della Wehrmacht si trovarono ad affrontare i nuovi carri armati sovietici T-34 e KV, caratterizzati da una corazza troppo robusta per le lro armi anticarro. La Germania aveva già una soluzione con il 7,5 cm PaK 40, ma i primi esemplari non sarebbero stati disponibili fino al 1942, rendendo necessarie soluzioni provvisorie. Una di queste soluzioni fu trovata a seguito della cattura di oltre un migliaio di cannoni divisionali sovietici da 76,2 mm M1936 (F-22). Questo cannone, originariamente concepito anche per il ruolo anticarro, aveva buone caratteristiche balistiche ma presentava diversi difetti per tale impiego. I tedeschi modificarono rapidamente questi cannoni, avviando un primo programma di modernizzazione alla fine del 1941.

▲ Il pezzo russo tedesco 7,62 cm Pak 36 (r), esposto nel campo museo di Borden. Wicki cc 3

CARATTERISTICHE TECNICHE E IMPIEGO

Le modifiche iniziali, realizzate dalla Hanomag, portarono alla creazione del 7,62 cm Feldkanone 36(russisch) (7,62 cm FK 36(r)), e includevano:

- La rimozione della parte superiore dello scudo, sovrapposta alla parte inferiore per aumentarne lo spessore, con supporti del 5 cm PaK 38.
- Inversione della scatola degli ingranaggi per il brandeggio e l'elevazione, spostando il volantino sul lato sinistro, limitando l'elevazione a +18°.
- Sostituzione del sistema di puntamento russo con uno simile a quello del PaK 38, utilizzando il mirino telescopio ZF3×8 o ottiche metalliche d'emergenza, con predisposizione per il dispositivo di puntamento indiretto Aushilfsrichtmittel 38 (ARM 38).

I primi F-22 modificati mantennero le munizioni originali russe e si distinguevano per l'assenza del freno di bocca, con diverse denominazioni, ma principalmente FK 36(r). Successivamente, la versione migliorata fu designata PaK 36(r), adattata per munizioni più potenti del PaK 40, con bossoli più lunghi e di diametro maggiore, aumentando significativamente la carica di lancio. Anche il meccanismo di rinculo fu adeguato alle nuove pressioni.

I primi cannoni PaK 36(r) furono consegnati nel febbraio 1942 e alla fine dell'anno i tedeschi avevano convertito ben 358 pezzi, con ulteriori 169 nel 1943 e 33 nel 1944. Inoltre, furono prodotte 894 canne per semoventi d'artiglieria (Marder III), comprendendo circa 300 esemplari del 7,62 PaK 39(r), una versione del 76,2 mm M1939 con modifiche simili a quelle del PaK 36(r).

Il PaK 36(r) furono utilizzati sia sul fronte orientale che in Nord Africa. Nel marzo 1942, furono impiegati nella battaglia di Bir Hacheim in Libia, con 117 esemplari in servizio nel Deutsches Afrikakorps nel maggio dello stesso anno. Il cannone dimostrò tutta la sua efficacia, come evidenziato dalle azioni del capopezzo Günter Halm, che distrusse ben 9 carri Mk III Valentine in una singola azione.

Nonostante fosse stato concepito come soluzione provvisoria, il cannone rimase in servizio fino alla fine della guerra, con 165 tra PaK 36(r) e FK 36(r) ancora in uso nel marzo 1945.

▲ Il pezzo russo tedesco 7,62 cm Pak 36 (r), esposto presso il 3rd Cavalry Division Museum . Wicki cc 3. Nella foto piccola il semovente tedesco Marde III armato con il 7,62 cm Pak 36 (r).

CANNONE DA 8,00 PAW 600

Il AW 600 (*Panzerabwehrwerfer 600*), ufficialmente designato 8H63, era un cannone anticarro leggero tedesco che utilizzava il sistema di pressione alta-bassa per sparare proiettili a carica cava. Questo cannone fu impiegato dalla Wehrmacht nel 1945, e ne furono prodotti solo circa 260 pezzi prima della fine della guerra. Già dal 1943, l'esercito tedesco affrontava vari problemi con i cannoni anticarro esistenti. All'inizio della guerra, utilizzavano il PaK 36 da 3,7 cm, leggero (328 kg) facilmente trasportabile dall'equipaggio. Tuttavia, nel 1941, questo cannone risultò inefficace contro tutti i carri armati sovietici e britannici più pesanti. Il successivo PaK 38 da 5 cm offriva migliori prestazioni, ma con i suoi 1.000 kg era difficile da manovrare per il suo equipaggio. Il PaK 40 da 7,5 cm era molto efficace, ma con un peso di 1.425 kg richiedeva un equipaggio ancora più numeroso e spesso un veicolo per essere spostato. Di conseguenza, molti di questi cannoni venivano abbandonati perché l'equipaggio non riusciva a spostarli in tempo. Oltre a ciò i cannoni più pesanti diventavano anche più costosi: il PaK 36 costava 5.730 RM e richiedeva 900 ore di lavoro per essere costruito, mentre il PaK 40 costava 12.000 RM e richiedeva 2.000 ore di lavoro.

DATI TECNICI:	
Entrata in servizio	1944-1945
Lunghezza canna	295 cm
Peso in batteria	640 kg
Produttore	Rheinmetall-Borsig
Velocità iniziale proiettile	520 m/sec
Settore di tiro orizzontale	55°
Settore di tiro verticale	-6° / +32°
Portata utile	750 m max 6.200 metri
cadenza di tiro	14 colpi al minuto
Numero pezzi realizzati	260

▲ In primo piano il controcarro della Rheinmetall da 8,0 cm. Wicki cc 3

CANNONE DA 8,00 PAW 600 GERMANIA 1944-1945

CARATTERISTICHE TECNICHE E PRODUZIONE

Nel 1943, venne allora richiesta una nuova arma anticarro leggera che utilizzasse meno propellente e fosse sufficientemente precisa per colpire un bersaglio di 1 metro quadrato ad almeno 750 metri. Rheinmetall-Borsig propose un progetto basato sul principio balistico alta-bassa pressione, conosciuto anche come sistema Hoch-Niederdruck. In questo sistema, la combustione del propellente avveniva in una sezione di culatta pesante, con la pressione che veniva gradualmente rilasciata nella canna a una velocità controllata, spingendo il proiettile. Questo meccanismo/tecnologia permetteva di avere una canna e un carrello più leggeri.

Il PAW 600, ribattezzato 8H63, era abbastanza leggero e pesava circa 600 kg, meno della metà del PaK 40 da 7,5 cm, ma con una penetrazione dell'armatura paragonabile, perlomeno a una portata effettiva di 750 metri. A differenza dei precedenti cannoni anticarro, che utilizzavano proiettili d'acciaio ad alta velocità, l'8H63 era progettato per sparare munizioni a carica sagomata (HEAT), che non richiedevano la rotazione del proiettile. Questo cannone aveva una canna liscia e utilizzava proiettili basati sul mortaio Granatwerfer 34 da 8 cm, riducendo parecchio i costi di produzione. La carica propulsiva derivava dall'obice leFH 18 da 10,5 cm.

Il proiettile standard, denominato 8 cm W Gr Patr H1 4462, pesava 2,70 kg con una carica propulsiva di 360 g di Digl B1 P, che generava una velocità iniziale di 520 m/s e una portata effettiva di 750 metri, con una penetrazione di 140 mm di armatura verticale, comparabile al PaK 40 da 7,5 cm con munizioni al tungsteno.

Dal dicembre 1944, furono completati circa 260 cannoni e una fornitura di 34.800 munizioni, con 81 cannoni consegnati alle truppe nel gennaio 1945 e altre 155 che entrarono in servizio il 1 marzo 1945.

I piani prevedevano la produzione di 1.000 cannoni al mese, insieme a 4.000.000 di proiettili anticarro e 800.000 proiettili esplosivi. Ovviamente il concludersi della guerra pose fine a questi progetti. I modelli di produzione erano dotati di freni di bocca del tipo usato dal PaK 40 e montati su carrelli leggeri appositamente costruiti o su carrelli avanzanti del PaK 38, leggermente più pesanti.

▲ Lo stesso cannone da 8,0 cm. visto di fronte. Wicki cc 3

CANNONE DA 88 PAK 43 GERMANIA 1943-1945

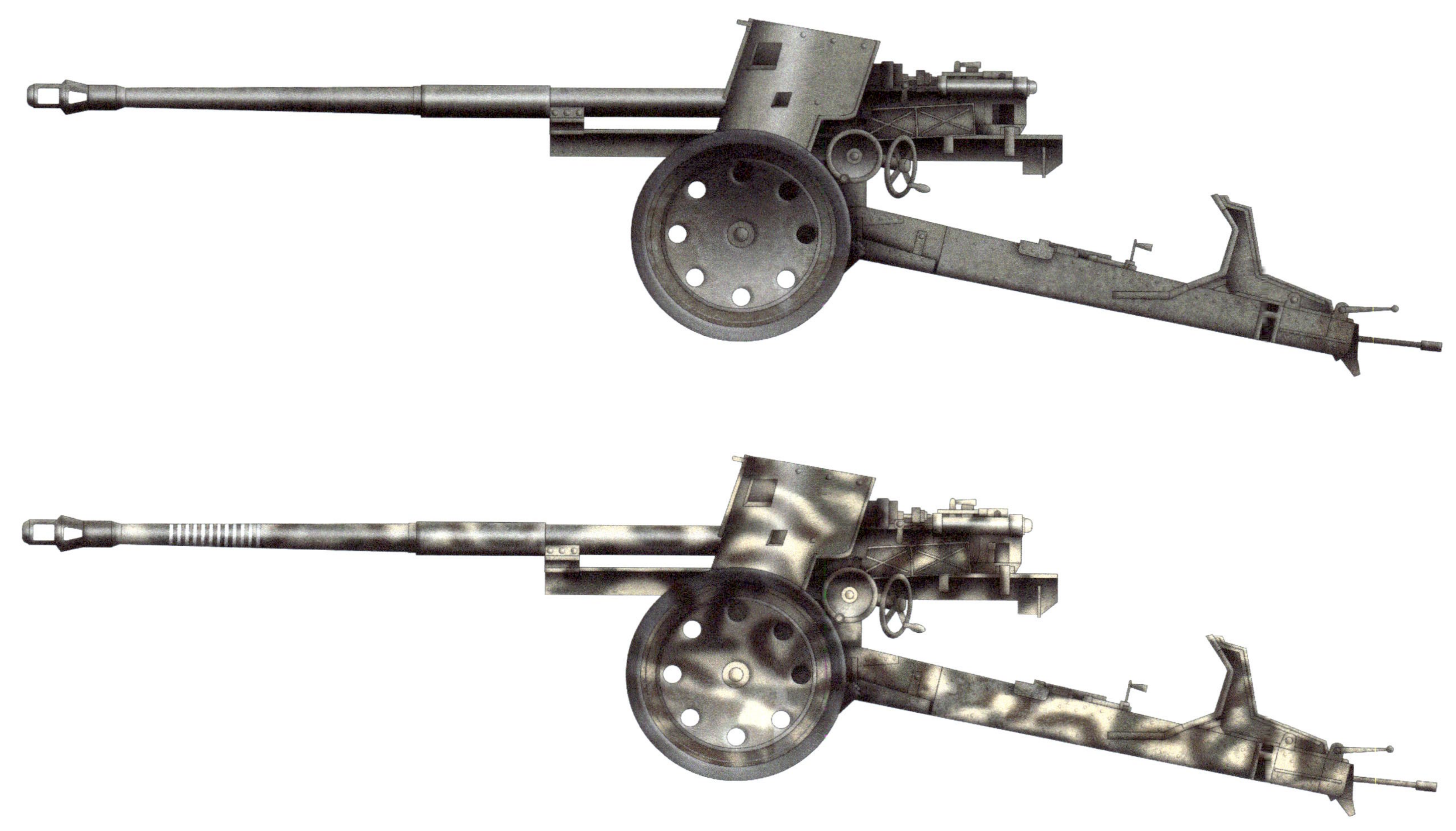

CANNONE DA 88 PAK 43/41

Il cannone da 8,8 cm PaK (Panzerabwehrkanone) fu progettato e costruito negli ultimi anni della Seconda guerra mondiale in Germania per permettere al pi famoso cannone antiaereo della storia 88 mm di operare efficacemente anche come armi controcarro, ruolo in cui avevano già dimostrato la loro efficacia, grazie a supporti più adatti alle esigenze specifiche. Alcuni di questi cannoni furono anche adattati per l'uso su carri armati o cacciacarri.

Fin da prima della guerra mondiale, i cannoni antiaerei da 88 mm (8,8 cm FlaK 18) vennero già utilizzati come armi controcarro con ottimi risultati. I successi ottenuti in Spagna spinsero l'Ispettorato per gli Armamenti tedesco (Waffenamt) a sviluppare un proiettile anticarro (PzGr 39 8,8 cm) per questi cannoni già nel 1939. Durante la Seconda guerra mondiale, il primo utilizzo di questi cannoni nel ruolo controcarro avvenne in Francia ad Arras ad opera della 7ª Panzer-Division contro i carri britannici Mk II Matilda, con risultati estremamente soddisfacenti. L'uso degli 8,8 cm FlaK 18 e FlaK 36 come cannoni controcarro ebbe poi un vasto e glorioso impiego in Nord Africa, rappresentando una seria minaccia per le forze corazzate britanniche.

DATI TECNICI:	
Entrata in servizio	1943
Lunghezza - Lunghezza canna	915 cm, 620 cm
Peso in batteria	3.700 kg/4380 Kg
Produttore	Krupp
Velocità iniziale proiettile	968m/sec/ 1200 m/sec.
Settore di tiro orizzontale	60°
Settore di tiro verticale	-8° / +40°
Portata utile	max 21.000 metri
cadenza di tiro	6-10 colpi al minuto
Numero pezzi realizzati	2.100

▲ Un bell'esemplare di 88 Pak 43/41 esposto al museo militare di Borden. Wicki cc 3

Tuttavia, il supporto utilizzato per i cannoni antiaerei non si rilvelò ottimale per l'uso controcarro, poiché il piedistallo (necessario per l'alzo fino a 85°) aveva due effetti negativi:

- Aumentava l'altezza complessiva del pezzo (2,4 m, escluso lo scudo) rendendolo più visibile.
- Aumentava il momento ribaltante contrastato dalla crociera di base durante lo sparo.

Per risolvere questi problemi, la Krupp modificò il cannone 8,8 cm FlaK 37, creando così due versioni di cannone da 88 mm destinato esclusivamente all'uso controcarro.

IL PAK 43

Il nuovo cannone della Krupp era montato su un affusto a crociera (kreuzlafette) con una capacità di tiro in elevazione ridotta, da -8 a 40°. Una volta tolte le ruote e abbassato l'affusto, il cannone poteva ruotare di 360°, ma a differenza dei cannoni antiaerei, il PaK 43 poteva sparare dall'affusto con le ruote, riducendo notevolmente il tempo di messa in batteria del pezzo, limitando però il campo di tiro a 30° da entrambi i lati dell'asse principale della crociera. Inizialmente le ruote erano pneumatiche, ma a causa della scarsità di gomma, furono presto sostituite da gomme piene.

La riduzione dell'altezza del piedistallo e della struttura complessiva faceva sì che il pezzo, in ordine di marcia, fosse alto solo 2 m, contro i quasi 2,5 della versione Flak, mentre in batteria (senza ruote) scendeva addirittura a 1,5 m. I limiti di questo cannone erano il peso di 5 t (comunque inferiore a quello di altri cannoni di calibro simile) e la lunghezza di 9,15 m in ordine di marcia, che rendevano difficile la messa in batteria. Tuttavia, considerando che poteva ingaggiare bersagli a 3000 m, il suo uso ottimale era in posizioni fisse o semipreparate. Una volta in batteria, il pezzo poteva essere stabilizzato con quattro spine inserite nelle estremità delle travi della crociera e fissate nel terreno.

Il meccanismo dell'otturatore era a scorrimento orizzontale come quello degli 88 FlaK ed il meccanismo di accensione era elettrico, per poter inserire controlli di sicurezza sul fuoco e evitare che l'otturatore, durante il rinculo, urtasse le travi della crociera. All'estremità della bocca era adattato un freno di bocca a due uscite, del modello generalmente usato sui cannoni tedeschi.

Il cannone poteva utilizzare proiettili HE (alto esplosivo) come artiglieria campale in supporto della fanteria, con una gittata massima di 21.000 m e una velocità alla bocca di 968 m/s. In alternativa alla granata HE, poteva usare la PzGr 40 (Panzergranate 40 - proiettile controcarri), un proiettile perforante a nocciolo duro in carburo di tungsteno, con una velocità alla bocca di 1200 m/s. Un proiettile HEAT (a carica cava) per questo cannone rimase in fase di progetto fino al 1945 senza essere mai realizzato.

▲ Esemplare di 88 Pak 43 sul suo carrello a 4 ruote. esposto al museo militare di Borden. Wicki cc 3

IL PAK 43/41

Le caratteristiche del PaK 43 si di ostarono subito devastanti per i carri occidentali e i T-34 sovietici, Tuttavia questi ultimi carri sovietici, in particolare le nuove serie JS, richiedevano un ingaggio a distanze più brevi. Per poter operare a distanze più brevi dai carri nemici, i tecnici della Krupp, svilupparono un cannone che, abbandonato l'affusto cruciforme, adottava l'affusto a gambe divaricabili del 10,5 cm leFH 18/40 allontanandosi assai dal modello genitore della Flak! Il nuovo pezzo aveva due sole ruote (con gommatura piena) e due vomeri per ridurre il rinculo. Ne risultò un pezzo estremamente massiccio, del peso di 4.380 kg in ordine di combattimento. A causa del grande scudo di protezione, il cannone fu soprannominato Scheunentor (portone di stalla). I proiettili più pesanti arrivavano a 23 kg, e le nubi di fumo generate durante lo sparo indicavano chiaramente la posizione del pezzo al nemico e oscuravano i mirini ottici quando veniva brandeggiato per ingaggiare un altro bersaglio. La penetrazione dei colpi era nettamente superiore a quella di qualsiasi altro cannone di calibro simile. Un ufficiale tedesco non identificato riportò che un T-34 colpito posteriormente a 400 m, ebbe il blocco motore sbalzato a 5 metri di distanza, mentre la parte superiore della torretta addirritura a 15 metri. Infine va ricordato che questo potente cannone fu montato anche sui carri tedeschi più prestigisoi degli utlimi anni di guerra come il Tiger I con il cannone denominato 88mm KwK 36. Successivamente venne ancora più perfezionato col modello 88mm KwK 43 montato sul Tiger II, sul Ferdinand e il Nashorn.

▲ Un 88 Pak 43/41 catturato da forze inglesi durante l'operazione "Totalise" nell'agosto 1944. Nella foto piccola lo scudo interno del Pak 43. Wicki cc 3

CANNONE DA 12,8 PAK 44 GERMANIA 1944-1945
Sopra modello Rheimetall, sotto modello Krupp

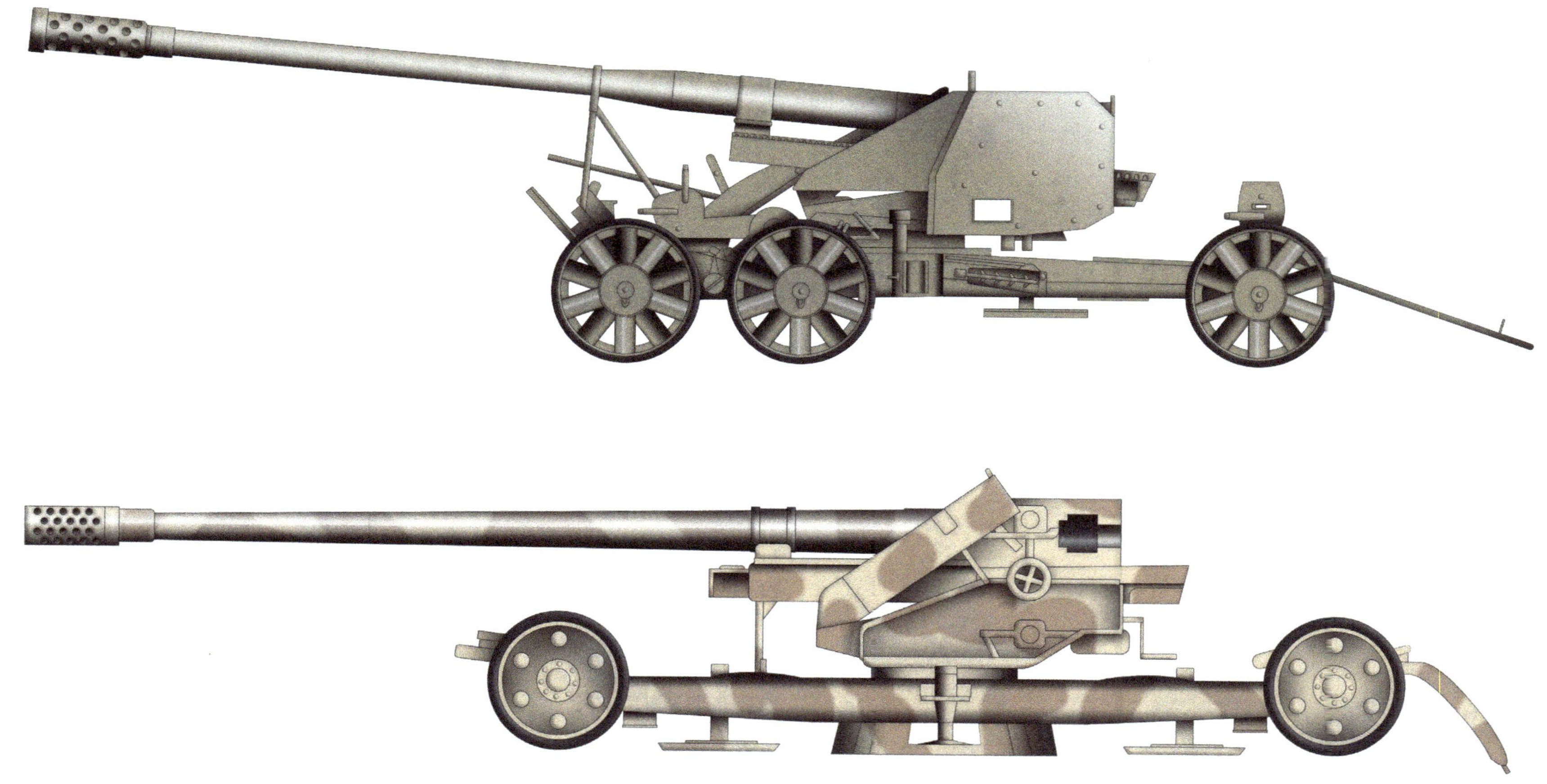

CANNONE DA 12,8 PAK 44

Il 12,8 cm *Panzerabwehrkanone* 44, noto anche come 12,8 PaK 44, fu il cannone anticarro più pesante tedesco impiegato durante la Seconda guerra mondiale. Il calibro di 128 millimetri fu scelto in quanto le attrezzature per la produzione di cannoni navali di tale calibro erano già disponibili. La progettazione fu affidata sia alla Rheinmetall-Borsig e alla Krupp. I primi prototipi vennero consegnati per le prove alla fine del 1944. Il progetto di Rheinmetall derivava dal cannone antiaereo 12,8 cm FlaK 40, mentre la Krupp sviluppò un'arma completamente nuova. Dopo i test iniziali, il progetto di Rheinmetall venne quasi abbandonato e fu preferito lo sviluppo del modello Krupp, che entrò in produzione nel 1944. Tuttavia, la Wehrmacht presto si accorse che un cannone anticarro trainato del peso di 10 tonnellate era troppo ingombrante, così la produzione fu interrotta. Circa 50 bocche da fuoco furono tuttavia montate su affusti esistenti. Le armi che utilizzavano l'affusto GPF-T di origine francese furono designate K 81/1, mentre quelle su affusto ex-sovietico erano note come K 81/2. Entrambi i modelli erano trainati e si dimostrarono troppo pesanti per essere schierati rapidamente. Maggior fortuna ebbero i cannoni singoli Nel 1943 per armare il cacciacarri Jagdtiger. Il PaK 44 divenne l'armamento principale standard del Jagdtiger, oltre a essere previsto come arma principale per molti dei futuri carri pesanti in fase di sviluppo negli ultimi mesi della guerra, come il Panzer VIII Maus e il Panzer E-100.

DATI TECNICI:	
Entrata in servizio	1944
Lunghezza canna	702 cm
Peso in batteria	10.160 Kg
Produttore	Krupp/Rheinmetall
Velocità iniziale proiettile	935 m/sec
Settore di tiro orizzontale	360°
Settore di tiro verticale	-7° / +51°
Portata utile	max 24.500 metri
cadenza di tiro	10/12 colpi al minuto
Numero pezzi realizzati	51

▲ Un 128mm Pak 44 versione Krupp, catturato in Francia dagli alleati.

CARATTERISTICHE TECNICHE

Pensato sopratutto come risultato delle esperienze sul fronte orientale nel 1943. L' esercito tedesco si era infatti imbattuto nei cannoni da campo sovietici da 122 mm e richiesero un'arma simile. Lo sviluppo inizialmente si concentrò su un cannone da campo noto come Kanone K 44. Tuttavia, una volta chc iniziarono ad apparire carri armati sovietici più pesanti come l' IS-2 , i requisiti di progettazione furono modificati per includere un run pezzo con ruolo anti-corazzato pesante.

L'arma anticarro trainata e quelle installate sui carri subirono entrambi numerosi cambi di denominazione. Erano conosciute come "K 44", "PaK 44", "K 81", "PaK 80" e "PjK 80". I tedeschi indicavano i prototipi con numeri provvisori che iniziavano con 8. Pertanto, K 81, PaK 80 e PjK 80 erano nomi provvisori. Quando il pezzo fu accettato in servizio, vennero adottate le denominazioni definitive K 44 e PaK 44, che differivano solo per l'uso operativo.

Il cannone, lungo 55 calibri, utilizzava munizioni separate. Le cariche di lancio in bossolo erano disponibili in tre dimensioni: leggera, media e pesante. Le cariche leggera e media erano solitamente impiegate con la granata HE Sprgr. L/5,0 da 28 kg, con velocità alla volata di 845 e 880 m/s rispettivamente. La carica pesante veniva usata in funzione anticarro, con una munizione APCBC-HE Pzgr. 43 da 28,3 kg a una velocità iniziale di 935 m/s. Con questa configurazione, il PaK 44 poteva penetrare poco più di 200 mm di corazza inclinata di 30° a 1.000 m e 148 mm a 2.000 m.

Varianti principali

- 12,8 cm Kanone 44;
- 12,8 cm Panzerabwehrkanone 44;
- 12,8 cm Kanone 81/1: K 44 su affusto ex-francese GPF-T;
- 12,8 cm Kanone 81/2: K 44 su affusto ex-sovietico ML-20;
- 12,8 cm Kanone 81/3: K 44 su affusto medio Gerät 579;
- 12,8 cm Pak 80: Pak 44 su cacciacarri Jagdtiger.

▲ Un 128mm Pak 44 versione Rheinmetall in posizione di viaggio. Nella foto piccola: Munizioni d'artiglieria tedesca: due proiettili da 128 mm. Museo tedesco dei carri armati (Munster Germania). Wiki cc1

▲ Il 128mm Pak 44 versione Rheinmetall, catturato in Francia dagli alleati.

► Il castello di tiro del 128mm Pak 44 versione Rheinmetall.

▲ Un 128mm Pak 44 versione Rheinmetall in posizione di tiro. Il più potente controcarro tedesco..

BIBLIOGRAFIA

- *German Antitank Weapons* from Intelligence Bulletin, November 1944
- Gander, T.J. *German Anti-tank Guns 1939-1945,* Almark Publications, 1973. ISBN 0-85524-142-X
- Gander, Terry and Chamberlain, Peter. *Weapons of the Third Reich: An Encyclopedic Survey of All Small Arms, Artillery and Special Weapons of the German Land Forces 1939-1945.* New York: Doubleday, 1979
- Hogg, Ian.*Twentieth-Century Artillery,* Barnes & Noble Books, 2000.
- Janoušek, Jiří. *Československé dělostřelectvo 1918-1939,* Corona, 2007.
- Hogg, Ian V. *German Artillery of World War Two,* Stackpole Books, Mechanicsville, 1997.
- Shirokorad A. B., *The God of War of the Third Reich,* M. AST, 2002 (Широкорад)
- Ivanov A., *Artillery of Germany in Second World War,* SPb Neva, 2003 (Иванов А.)
- Klyuev A. et al, *German Artillery Ammunition Reference Book, 1943* (А.Клюев и др М., 1943).
- Fleischer, Wolfgang e Eiermann, Richard. *German Anti-Tank (Panzerjäger) Troops in WWII,* Schiffer Military Publishing, Atglen PA 2004.
- Alberto Pirella *Proiettili cannoni semoventi trattori anticarro dell' Esercito tedesco.* Intergest 1976.
- Werner Haupt: *Panzerabwehrgeschütze. 3,7-cm - 5,0-cm - 7,5-cm - 8,8-cm-Pak 1934-1945 ohne Selbstfahrlafetten / WA Band 117. 1. Auflage.* Podzun-Pallas Verlag, Friedberg 1989.
- Manfred Stegmüller: *Von Flanschengeschossen und Wolframkernen. Die Entwicklung der Hochgeschwindigkeitsmunition für konische Rohre durch Dr. Hans Neufeldt und die Firma Polte,* Magdeburg. Band 5 von Aufsätze zu Geschichte, Verlag W. Sünkel, 2000
- Sayama Jirō: *Artillerie-Infanterie-und Panzerabwehrgeschütze der japanischen Armee: Eine tiefergehende Studie über japanische Waffen1.* Auflage. Kojinsha, Tokyo 2011
- Heereswaffenamt: *D. 72, Schlitten und Kufen, Beschreibung, Verwendung und Anleitung zum Selbstbau von Behelfsgerät.* Reichsdruckerei, Berlin 1942.
- Philippe Truttmann, *La Ligne Maginot ou la muraille de France,* éd. Gérard Klopp, 1985.
- Ferrard, Stéphane: *France 1940 l'armement terrestre,* ETAI, 1998.
- Franz Kosar: *Panzerabwehrkanonen 1916 - 1977.* 1a edizione. Motorbuch Verlag, Stoccarda 1978,
- Karl R. Pawlas; *Waffen Revue Nr. 31*; Journal-Verlag Schwend GmbH, Schwäbisch Hall; 1978
- Karl R. Pawlas; *Die 7,5-cm-Pak 50; in Waffen Revue Nr. 102*; Journal-Verlag Schwend GmbH, Schwäbisch Hall; 1996
- Karl R. Pawlas; *Waffen Revue Nr. 72, 73 und 74;* Journal Schwend GmbH, 1988–89.
- Christopher F. Foss: *Towed Artillery.* Jane's Pocket Book 18. 1. Auflage. Mac Donald and Janes' Publishers Ltd, London 1977
- Wolfgang Fleischer: *Die 7,5-cm-Panzerjägerkanone 40. Waffen-Arsenal Sonderband S-54,* Podzun-Pallas-Verlag.
- H.Dv. 481/77 – *Merkblatt für die Munition der 7,5 cm Panzerjägerkanone 40* — OKH Berlin 1942.
- D 393/1 – *7,5cm Panzerjägerkanone 40.* OKH / Heereswaffenamt, Berlin 1. April 1942.
- H.Dv. 119/324 *Schußtafel für die 7,5 cm Kampfwagenkanone 40 (7,5 cm Kw.K. 40), 7,5 cm Sturmkanone 40 (7,5 cm Stu.k. 40) und 7,5 cm Panzerjägerkanone 40 (7,5 cm Pak 40) mit Deckblättern 1–17,* Oktober 1943.
- Kolomiets M. - *Anti-tank Artillery of Wehrmacht 1939-1945* - «Frontovaya Illustratsiya» mag., n.1, 2006

TITOLI PUBBLICATI

TWE-029 IT

www.ingramcontent.com/pod-product-compliance
Ingram Content Group UK Ltd.
Pitfield, Milton Keynes, MK11 3LW, UK
UKHW061954290726
14090UKWH00021B/1224

9 791255 891543